—— 世界高端文化珍藏图鉴大系 ——

天赐奇物

奇 石

收藏与鉴赏

STONE

冷雪峰 / 编著

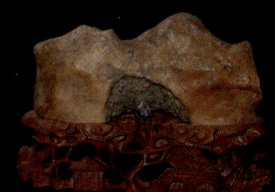

新世界出版社

图书在版编目（CIP）数据

天赐奇物：奇石收藏与鉴赏 / 冷雪峰编著. -- 北京：新世界出版社, 2013.12
　　ISBN 978-7-5104-2993-4

Ⅰ. ①天… Ⅱ. ①冷… Ⅲ. ①观赏型—石—收藏—中国②观赏型—石—鉴赏—中国 Ⅳ. ① G894 ② TS933

中国版本图书馆 CIP 数据核字 (2013) 第 283584 号

天赐奇物：奇石收藏与鉴赏

作　　者：冷雪峰
责任编辑：张　帆
责任印制：李一鸣　黄厚清
出版发行：新世界出版社
社　　址：北京西城区百万庄大街 24 号（100037）
发 行 部：（010）6899 5968　　（010）6899 8733（传真）
总 编 室：（010）6899 5424　　（010）6832 6679（传真）
http : //www.nwp.cn
http : //www.newworld-press.com
版 权 部：+8610 6899 6306
版权部电子信箱：frank@nwp.com.cn
印　　刷：北京盛源印刷有限公司
经　　销：新华书店
开　　本：710×1000　1/16
字　　数：190 千字
印　　张：16
版　　次：2014 年 4 月第 1 版　2015 年 6 月第 2 次印刷
书　　号：ISBN 978-7-5104-2993-4
定　　价：78.00 元

版权所有，侵权必究

凡购本社图书，如有缺页、倒页、脱页等印装错误，可随时退换。
客服电话：（010）6899 8638

天赐奇物

奇石收藏与鉴赏

前言
Foreword

　　世界上有一种物体，藏于土里，隐于山中，人类不知道它们何时出现，也不知道它们何时灭亡。它们走过了漫长的历史，经历了地球的更替，吸收了日月的精华，所以缤纷瑰丽；它们具有自然性、矿物性、泥土性，所以丰富高雅；它们蕴含了无数的神秘和浪漫，所以不俗不媚。它们是人类精神升华的桥梁，它们是——石头。

　　历史上最传奇的石头是《西游记》里蹦出孙悟空的东海仙石，成就了一段大闹天宫、降妖除魔、护送唐僧西天取经的奇幻历程；历史上最骄傲的石头是和氏璧，秦始皇曾经许下十五座城池来交换它；历史上最风流的石头是《红楼梦》中的"通灵宝玉"，在大观园里上演了一场缠绵悱恻的爱情故事……

　　无论古今，石头都丰富多彩，并不像人们所看到的那样孤独、寂寞。古人以石碰石摩擦生火，用石头作为工具，用石头作为棺材，用石头雕刻、记录下重要的信息……如今石头更是被广泛运用，园林布置、盖房、筑路、造桥、观赏、收藏……

Foreword

千百年来，玩石、赏石的人越来越多，形成了一种传统的赏石文化，并且影响了海内外各个国家，赏石文化已经成为一种国际潮流。赏石不仅能够陶冶情操，而且能够繁荣市场经济。随着赏石风潮日趋白热化，不良商人为了获得更多的利益，采取各种手段对平淡无奇的石头进行造假，增加其价值，很多奇石知识匮乏的爱好者不能分辨其中的真伪。

为了提高奇石爱好者的鉴赏水平，普及奇石收藏知识，我们编撰了此书，从各方面对奇石进行了介绍。奇石的有价和无价，需要知识来度量，需要经验来判断，需要素养来鉴赏。希望本书能够带给奇石爱好者经验与启示，以探寻奇石世界里的珍宝；能够引领奇石爱好者走进缤纷多彩的奇石世界，感受中国石文化的深邃与优雅。

Contents 目录

第一章 追本溯源——中国石文化 / 001

石头与人类的起源 / 002

石头对人类的影响 / 007

第二章 珍宝异石——奇石概述 / 011

奇石的定义 / 012

各时期的赏石文化 / 014

奇石的分类 / 022

奇石的形成 / 025

第三章 大自然的馈赠——奇石的品种 / 027

造型石 / 028

纹理石 / 080

矿物晶体石 / 135

化石 / 172

印石 / 191

第四章 优劣与真伪——奇石鉴别方法 / 211

品评奇石的一般标准 / 212

不同类型奇石的鉴赏标准 / 215

判定精品奇石要素 / 218

辨别造假奇石的方法 / 219

第五章 美不胜收——奇石收藏与养护 / 221

奇石的采集 / 222

奇石的收藏价值 / 226

奇石的配座及陈设 / 229

奇石的养护 / 232

奇石的命名 / 234

附录 赏心悦目——奇石珍品欣赏 / 237

第一章

追本溯源——中国石文化

天赐奇物 奇石

奇石收藏与鉴赏

广西桂林市骆驼山

石头与人类的起源

  我们生活在一个神奇的星球上,这个孕育了无数生命的蓝色星球是由平均厚度 50000 多米的岩石地壳组成的,它承载着我们眼前的大千世界。地球上的人们乐于赞颂美好的事物,诗人歌咏春夏秋冬、画家描绘梅兰竹菊……可是极少有人会为随处可见的石头吟诗赋词。

  然而这些形形色色的石头与人类有着密切的联系,它们为人类所依赖、所利用。无论是简单的衣食住行,还是前沿的科学技术,几乎所有涉及人类活动的领域,都与石头有着千丝万缕的关系。

第一章
追本溯源——中国石文化

无论在东方还是西方，关于人类起源的传说，都带着石头的影子。女娲和上帝造人都取材于泥土，而地质学家告诉我们，地球上所有泥土均出自岩石风化。

■ 与石头有关的中国神话

中华民族上下五千年，历史文化博大精深，有很多关于石头的神话传说。女娲用黄泥造人，星辰各司其职，人民安居乐业。后来共工与颛顼争夺皇位，不胜而头触不周山。霎时间，天倾地陷，洪水泛滥，大火蔓延。除了人类，所有的生物都灭绝了。女娲看到众人陷入了无尽的灾难中，决心炼石补天。于是，在天台山顶堆巨石为炉，取五色土为料，又借来太阳神火，经过九天九夜，炼成了36501块五色巨石。又经过九天九夜，用36500块五彩石将天补好。女娲

天台山，女娲补天台

黄山飞来石

　　补天之后，天地定位，洪水归道，烈火熄灭，普天同庆。从此之后在中国人的眼中，女娲便成为世间的造物主，被不断颂赞，石头也拥有了消除灾难的神奇魔力。

　　中国四大名著《西游记》里的孙悟空，降生于一块积蓄了天地造化之气的巨石中，这个半人半猴半仙的角色，被作者赋予了一种顽石般的本性——坚韧顽固、具有超强的生命力。我们不难想象，当中所表达的是对石头的某种精神寄托。

追本溯源——中国石文化

■ 与石头有关的外国神话

古希腊有很多浪漫的神话，其中人类的诞生方式也十分奇异，与中国有着相似之处。普罗米修斯从上天盗取火种送给人类，令众神之神宙斯十分震怒，制造出潘多拉降灾祸于人间后，又以一场洪水作为对凡人的惩罚。普罗米修斯的儿子丢卡利翁和他的妻子皮拉听从父亲的劝告，一起建造了一艘能够躲避洪水的小舟才得以幸存。宙斯在洪水退去之后回心转意，允许他们重造人类。他们走到一片洪荒的大地上，将石头从自己的肩头向后扔去。后来，从丢卡利翁

澳洲墨尔本的十二使徒岩，沉积岩著名景点

英国巨石阵

肩头扔出的石头变成了男人，从皮拉肩头扔出的石头变成了女人。这个神话故事直接地传递出石头与人类之间源远流长的关系，以及人类从古至今对石头的敬畏和依赖之情。

  希腊神话里还有一个广为人知的传说，西西弗斯触犯了众神，被要求将一块巨石推上山顶作为惩罚。可是巨石太重了，每次还没到山顶就滚下了山，他不断地做着这件事，生命就在这一件无望的劳作中消耗殆尽。有一天，他却在荒诞、绝望之中发现了一种新的意义——他感受到自己与巨石较量时所碰撞出来的力量。他沉醉在这幸福当中，便感觉不到痛苦了，当巨石不再是他心中的苦难时，诸神便不再让巨石从山顶滚落了。在这个神话中，石头成为了一种强大的力量，只要能够征服石头，人类就能够获得幸福。

第一章 追本溯源——中国石文化

石头对人类的影响

在人类的生活中，对于石头的利用无处不在。区别人和猿最重要的标志之一便是石器，只有人类才会制造工具，动物不会。石头始终与人的生活息息相关，无论是在物质生活还是精神生活上，石头都具有十分重要的作用。

名称： 摇钱树
石种：菊螺化石
尺寸：70cm×14cm×50cm

■ 物质影响

在原始社会，石头是人类必不可少的劳动工具。在石器时代，人类居住在石窟、洞穴中，使用打制和磨制的石器，利用石头垒屋。在现代建筑上，石头更是无处不在，无所不用。无论是国家的重要建筑物，还是民间的园林，都取材于石头。至于石碑、石刻、石雕、石印等，更是在石头上大做文章。美丽的石材代表着高贵，不同的石材具有不同的作用，所以石头的作用被发挥得淋漓尽致。

乐山大佛

第一章

追本溯源——中国石文化

海南岛天涯石与海角石

■ 精神影响

人们生产、生活得到满足之余，就会进行娱乐活动，欣赏和珍藏石头也成为了社会的一种文化活动。在山顶洞人居住的洞穴里，挖掘出旧石器时代的石制装饰品。欣赏美石，成为了原始社会的文化活动，促进了原始文化的发展。千变万化的纹理和图像，对原始人的思维活动产生了影响。人们还把石头作为一种精神的寄托，一些古老的部落把石头作为图腾来膜拜，一些人认为石头能够驱邪避祸，以镇风水。石头象征着坚定、顽强以及各种品质。所以，人们喜欢用石头比喻坚定的信念，用石头指代牢固的友谊和坚贞的爱情。

名称： 寿桃
石种：长江红
尺寸：33cm×30cm×36cm

第二章

珍宝异石——
奇石概述

天赐奇物·奇石收藏与鉴赏

奇石的定义

奇石，指天然形成的形状不一般的石头，其材质、造型、色彩及花纹不同寻常，能够满足人们的猎奇或审美习性，可供观赏、收藏、把玩，从广义上来讲，凡是具有观赏价值的自然石均可称为奇石。

在我国历史上奇石又称为孤赏石、怪石、雅石、丑石、案石、几石、玩石、巧石，国外称为水石或者寿石。指的是不经人工刻意雕琢，自然形成的具有观赏、陈列、收藏和科研价值的观赏石，包括各种奇特的化石、岩石和矿物晶体等。奇石经过岁月的沉积和打磨，蕴含了天地的精华，是一种古老、天然的艺术品，具有独特的美感。

名称：神猴

石种：广西大湾石

尺寸：10cm×6cm×9cm

第二章

珍宝异石——奇石概述

名称：威震山河

石种：大化石

尺寸：52cm×24cm×50cm

　　奇石在大自然长期的物理和化学作用下形成，有着独特的形态、艳丽的色泽、细腻的质地和漂亮的纹理，在发现者的慧眼里奇石具有特殊的美感和作用。一般来说，奇石不需要经过琢磨雕刻就可以直接用于陈列、收藏，经过手工雕刻的，基本上不能称为奇石，但是对于一些质地奇异的石类，只有通过适当的打磨和切割才能显现出其石纹和石质的美。赏石，需要从石质、石色、石韵、石肌和石形等各个方面，去欣赏奇石的造型、色彩、图案和纹理之美。

各时期的赏石文化

在中国,石头是人类最早使用的劳动工具,也是人类最早的审美对象之一。从最初的女娲补天到如今的奇石收藏,石头与中华民族有着千丝万缕的联系,也是中国传统文化不可分割的一部分。

■ 先秦时期

东方赏石文化的发源地是中国。中华民族与石的渊源可以上溯到上古神话传说时期,盘古开天辟地、女娲捏泥造人、精卫填海等神话都能说明中华民族与石的不解之缘。从社会发展来看,石器经历了从实用到装饰的发展过程。

名称:绿色环保
石种:金沙江
尺寸:直径 35cm

珍宝异石——奇石概述

名称：国色天香
石种：广西三江鸡血石
尺寸：46cm×17cm×40cm

  石器在原始社会时期是人类生产生活的主要工具，人们的衣食住行都离不开石器。由于金属工具的出现，石器的实用功能在奴隶社会时期已经渐渐退居其次，也正是此时，出现了原始的赏石审美观。据史料记载，商周时期的人们已经开始欣赏精美的石头了，赏石文化逐渐萌芽，以自然奇石为收藏交易对象的活动也开始出现。《山海经》等春秋战国时期的著作中多次提到各地所产的种种奇石，《山海经》还被认为是世界上最早对矿物性质进行记述的文献资料。

  在春秋战国时期，石的神话色彩已经渐渐淡去，普遍成为社会上层人士欣赏的对象。

  奇石文化从上古传说中走出来，在春秋战国时期得到初步发展。所以，先秦时期往往被看成是赏石文化的萌芽期。

■ 秦汉时期

  秦汉时期是中国历史上第一个大一统时期，国力空前强盛。赏石文化在这样的氛围中迅速发展，据记载，秦汉时期的皇家宫苑和贵族园林之中多有奇石。

秦汉两代对石头的运用无所不在，大到万里长城，小到宫殿石雕。秦代是中国石雕艺术的发轫时期，秦汉的赏石文化是在石雕的基础上发展起来的。此时的民间赏石之风尚不盛行，多限于皇家、贵族之中。

东汉中晚期，佛教从印度传入中国，从此佛教文化融入到中国传统文化之中，并且对中国各类文化艺术影响很深。秦汉晚期的赏石风格带有强烈的佛教色彩，"禅石"的赏石观是佛教思想在赏石文化上的体现。禅石是赏石的一种意境，在中国盛行了一千多年。

■ 魏晋南北朝时期

魏晋南北朝时期，政局动荡，统治腐朽，社会经济受到极大的冲击，人们痛苦不堪。许多文人学士虽然不满现实的黑暗，但又无力抗争，便纷纷隐居山林。在宗教的普遍影响下，崇尚自然之风形成，社会审美意识发生变化，推动着中国赏石文化不断发展完善。奇石渐渐脱离园林假山的局限，开始成为人们独立欣赏的对象。

名称：秋原千里
石种：三江鸡血石
尺寸：54cm×30cm×19cm

珍宝异石——奇石概述

名称：万寿山
石种：松花石
尺寸：28cm×38cm×27cm

　　魏晋南北朝时期，收藏、鉴赏奇石已经成为风气，很多人积极地搜寻、赏玩天然奇石。除了皇家园林依旧盛行之外，私人园林也逐渐兴起，但社会上玩石之风尚不盛行，只有少数文人墨客以赏石为乐，陶渊明是当时最有名的藏石家。

　　魏晋南北朝时期，真正意义上的奇石收藏兴起，这一时期被看作中国赏石文化的确立期。

■ 隋唐时期

　　隋唐时期是我国封建社会的繁盛时期，文化、艺术等都得到了极大的发展，这样的社会环境为赏石文化创造了物质基础。

　　隋唐时期的中国赏石文化繁荣兴盛，赏石的主要群体不再只是帝王贵族，许多文人雅士也成为了奇石的爱好者。社会中下层人民在造园的时候也开始有意识地运用奇石。

隋唐时期赏石文化有两个特点：一是文人雅士游山赏石已经成为了习惯，品评奇石的诗文大量出现，出现了一大批赏石家，如李白、白居易等，他们参与赏石活动，提高了赏石文化的艺术品位；二是赏石研究深入发展，出现了赏石专著，诗人白居易可称为我国赏石理论的开拓者，他对太湖石进行了分级，开创了中国奇石分级的先河，被沿用至今。

■ 宋元时期

两宋时期是中国封建社会发展的重要阶段，赏石文化也得到了极大发展，创造了一个小高峰。奇石行业兴盛，奇石理论专著出现。

两宋赏石文化具有三个特点：

第一，出现众多赏石专著，确立赏石标准。最早提出赏石标准的人是白居易，真正确立标准的是宋代书法家米芾。他爱石成痴，创立了被后世沿用千年的四字赏石标准"瘦、透、漏、皱"，从那以后，奇石有了明确的鉴赏标准，这一标准为明清赏石文化的繁荣打下了基础。同时，还出现了许多赏石专著和画册，这些专著具有很高的科研价值。

名称：银锭山
石种：乌江石
尺寸：23cm×10cm×15cm

名称：一帆风顺
石种：大化石
尺寸：32cm×18cm×48cm

第二，两宋时期，造园艺术和技术都进入了成熟阶段。园林规模虽然不及隋唐宏大，但融入了对意境的追求，对观赏石的运用也达到了炉火纯青的境界。

第三，两宋时期，上至帝王将相，下至文人雅士、商贾百姓都钟情于赏石。赏石行业出现了专业的技工，砚石从奇石中分离出来，成为了集实用性和艺术性为一体的独立赏石品种。

元代，蒙古族入主中原，他们对汉文化吸收有限，赏石文化停滞不前，赏石理论也并无大的发展。

■ 明清时期

明清两代是中国封建社会的鼎盛时期，在这样的背景下，赏石文化也恢复了发展。买卖奇石的盛大市场形成了，这一时期新发现的奇石产地和石种也越来越多。

明清两代赏石有三个特点：

第一，园林艺术已经从萧条期走了出来，开始了复兴之路。园林艺术在这一时期从实践到理论都逐渐发展到了成熟阶段。置石、叠石在造园的时候被大量运用。明清诞生了众多造园名家，达到了以圆明园、避暑山庄等皇家园林为代表的园艺顶峰。

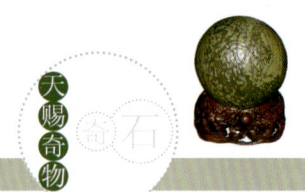

名称：云诗
石种：绿松石
尺寸：36cm×9cm×26cm

第二，明清赏石之风渐浓，奇石收藏极其普遍，石种渐渐丰富，底座渐渐讲究。在造园和赏石活动盛行的背景下，出现了大量赏石专著，将中国传统的赏石文化推向了一个新的高峰。

第三，明清时期，收藏石头已经不再是士大夫阶层的专利，奇石收藏理念普及到了社会中下层。

■ 近现代

清末民初，清政府统治腐朽，外国列强入侵，众多爱国者参加了革命运动。在这样的背景下，赏石文化再次陷入低谷，发展缓慢。这一时期，还出现了一些收藏家，比如张大千等。

第二章 珍宝异石——奇石概述

中华人民共和国成立以后，赏石文化才慢慢呈现蓬勃发展之势。20世纪80年代，人们生活水平提高，文化生活呈现多样化，赏石文化渐渐吸引了越来越多的人。今天，奇石收藏日益兴盛，奇石价格不断上涨，关于奇石的学术交流也越来越频繁，出现了越来越多的奇石专著，中国赏石活动已经进入了一个崭新的阶段。

现代赏石有六个特点：第一，赏石的人越来越多，大众化时代已经到来；第二，石头种类越来越多，收藏的范围不断扩大；第三，奇石交易频繁，市场不断扩大；第四，赏石专著不断涌现，奇石知识广泛普及；第五，赏石理论渐渐完善，学术交流越来越多；第六，涉外奇石交流的规模也在不断扩大。

名称： 圆满
石种：硫铁胆
尺寸：15cm×10cm×13cm

名称： 观音
石种：乌江石
尺寸：16cm×9cm×35cm

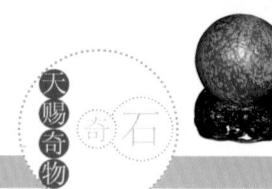

奇石的分类

我国地质结构复杂，河流众多，是产奇石较多的国家。采石、藏石、赏石已经有了几千年的历史，并且形成了一种独具韵味的文化。在这种厚重的氛围之下，历代奇石爱好者对石头进行了系统的分类。奇石分类，是一项很复杂的工作，从不同的角度出发，可以有多种分类方法。

■ 按照奇石应用方式

可以分为天然风景石、庭园景石、盆景石、石工艺和观赏石等。

名称：满天星
石种：翠珠玉
尺寸：20cm×12cm×16cm

第二章 珍宝异石——奇石概述

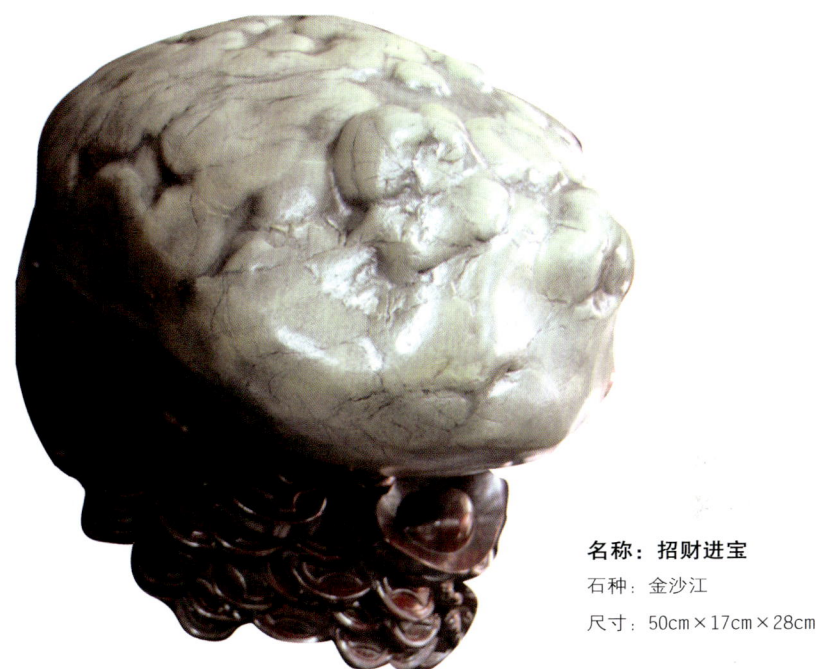

名称：招财进宝
石种：金沙江
尺寸：50cm×17cm×28cm

■ 按照奇石成因

可以分为沉积、变质、岩浆作用形成石，结晶作用形成石，成矿作用形成石，水蚀形成的砾石，动植物化石以及动物遗迹化石，构造作用形成的构造岩，天外陨石等。

■ 按照奇石产地性质

可以分为山石、戈壁石、切磨石、水石（水石又分为卵石和水冲石）等。

■ 按照奇石产出及形态

可以分为造型石、纹理石、矿物晶体石、生物化石等。

名称：黄河之水天上来
石种：藏玉石
尺寸：45cm×16cm×32cm

■ 按照奇石的欣赏标准

可以分为造型石、纹理石、质地石、具有观赏价值的古生物化石等。

名称：水草
石种：大化石
尺寸：23cm×9cm×18cm

珍宝异石——奇石概述

奇石的形成

奇石是记录地质变化最好的史书。因为奇石是由于内力地质作用与外力地质作用形成的,所以其色彩、纹理和材质有着各自的特点。

■ 地质作用的内力与外力

奇石主要是在地质的内力和外力的共同作用下形成的。内力地质作用是奇石形成的直接因素,如岩浆活动、地震作用、变质作用和地壳运动等;外力地质作用则包括了搬运、沉积、风化、剥蚀、固结成岩等间接因素。

名称: 鸟巢
石种:结构石
尺寸:19cm×8cm×15cm

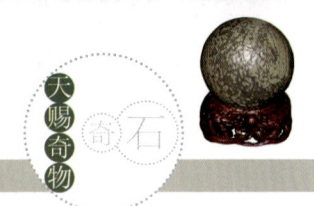

■ 色彩和光泽的形成

石中矿物的色素粒子、致色元素和带色矿物决定了奇石的颜色。矿物元素可以使岩石致色，鸡血石的红色就是辰砂的色泽，属于带色矿物，孔雀石的绿色及蓝色是铜离子致色。

■ 纹理的形成

奇石的纹理与岩石的成因及各种地质作用关系密切。变质作用、岩浆作用、沉积作用、构造作用都可以使石头形成不同的纹理图案，菊花石的"菊花"是蚀变的产物。

■ 材质的形成

奇石的质，指的是奇石本身的重量和总体的质感。决定奇石的质的因素有岩石的化学成分、物质组成和结构构造，此外，火成活动亦会使矿物重结晶排列，影响奇石材质，戈壁石就是火成活动的结果。

名称：望天
石种：墨金玉
尺寸：20cm×12cm×30cm

第三章

大自然的馈赠——奇石的品种

造型石

造型石是奇石中最常见、历史最悠久、鉴赏理论最完备、影响最大的一类。造型石是溶蚀、水蚀、风蚀、火山等各种地质活动长期作用的结果。造型石大小不一，以造型取胜，具有很高的收藏价值，是古典园林艺术和现代赏石艺术的重要组成部分。

■ 蜡石

蜡石又名黄蜡石，是一种风化后经侵蚀、溶蚀作用形成的块石和砾石，因石体表层和内部有蜡状的质感、色感、光感而得名。另外一种说法是此石原产真腊国，所以叫蜡石。

名称：悟禅

石种： 黄蜡石（黄龙玉）

尺寸： 33cm×17cm×63cm

名称：金山
石种：黄蜡石（黄龙玉）
尺寸：38cm×9cm×22cm

蜡石的成因

蜡石是花岗岩的低温热液成因的石英脉。大致形成过程如下：石英岩矿物受到地质变动影响，与酸性土壤混合，在酸性土壤环境下长期受河水冲刷或地热火山温度的催化，最终形成了蜡石。其中一部分在山中静眠，另一部分被流水作用搬运到江河中。

蜡石的产地

蜡石主要分布在中国两广岭南一带，以广东潮州和广西贺州的蜡石质地最好。此外，辽宁鸭绿江畔、海南五指山及万泉河、云南地热集中地区、江浙一带均有少量分布。在清代，对蜡石的采集、收藏和赏玩就已经普及到岭南地区。

蜡石的特点

蜡石石质十分好，质地圆滑而细腻，以"透、瘦、漏、皱"著称，以色质取胜，石表柔润、光滑、细腻，以冻蜡石质最佳。蜡石一般出于水中，也有出于山间泥土中的。

名称：寿
石种：蜡石
尺寸：21cm×15cm×12cm

　　蜡石形状奇特，样式丰富，石形有的抽象，有的具体。

　　蜡石具有稀有性，其艺术价值和收藏价值得到了越来越多收藏家的肯定。

　　由于收藏者众多，蜡石储量有限，随着收藏市场的兴盛其价值也在日渐升高。

名称：弥勒佛
石种：黄蜡石（黄龙玉）
尺寸：10cm×3cm×7cm

蜡石的种类

蜡石是色彩造型石,根据颜色不同可以分为黄蜡石、褐蜡石、黑蜡石、红蜡石、彩蜡石、白蜡石和绿蜡石等。以黄蜡石最为普遍,收藏量最大,其他蜡石因为产量稀少,所以比黄蜡石更加珍贵。

蜡石石英体因为颗粒大小、二氧化硅纯度的情况不同,可以根据质地分为冻蜡、胶蜡、晶蜡、细蜡、粗蜡等。冻蜡石体透明、润泽,俗称"冻年糕",是品质最好的蜡石。胶蜡和晶蜡为高档奇石,细蜡属中档玩石,粗蜡质地较差,基本不具备观赏价值。

名称:指甲纹
石种:黄蜡石(黄龙玉)
尺寸:24cm×12cm×35cm

太湖石

太湖石又名"洞庭石",因产于江苏太湖地区而得名。是中国古代著名的四大玩石之一,一般体量较大,以造型取胜。色彩多为灰色,少见白色、黑色,一般无杂色。

太湖石的成因

江浙交界的太湖雨水丰沛,石灰岩在长期的分化和流水作用下自蚀。在大自然的雕琢下,太湖石逐步形成多孔玲珑的结构、曲折圆润的形态。

太湖石的产地

太湖石指的是环绕太湖的苏州洞庭西山、宜山一带的石灰岩,以鼋山和禹期山所产的太湖石最为出名。

名称: 岩山
石种:太湖石
尺寸:31cm×9cm×17cm

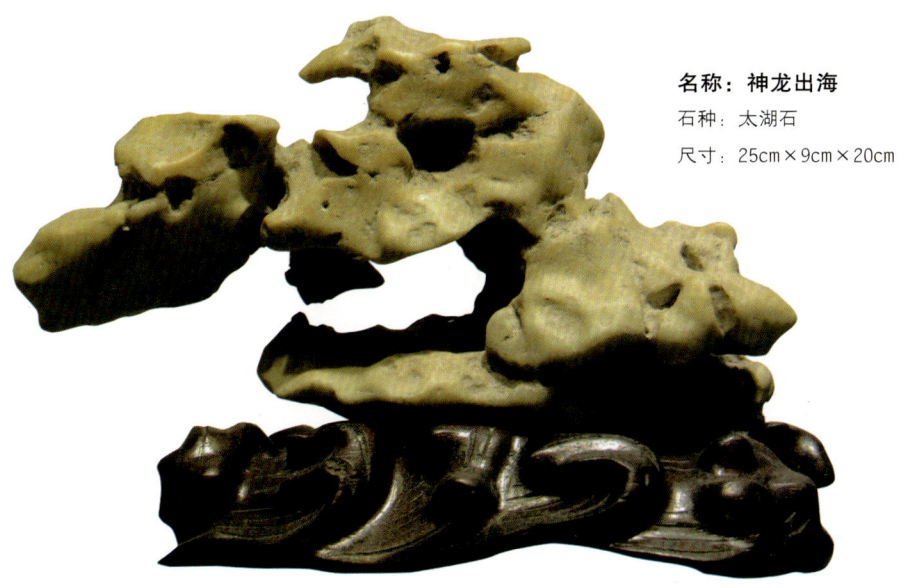

名称：神龙出海
石种：太湖石
尺寸：25cm×9cm×20cm

太湖石的特点

太湖石以造型取胜，石体玲珑剔透、千姿百态，最能体现奇石"皱、漏、瘦、透"之美，暗含了东方艺术"以意为象"的本质。以灰白、青色、褐黄最为常见，少有黑色。

太湖石尺寸高大，是中国古代皇家园林常用布景的主要石材，很少作为室内清供。

太湖石质地坚脆粗糙，因久经湖水侵蚀，形成形状各异的孔洞，俗称"弹子窝"，扭转回环，妙趣横生。

太湖石的种类

依据形成条件，太湖石可以分为水太湖和旱太湖两种：水太湖产于湖中，因为长期受到湖水的冲刷和侵蚀，形成奇形怪状的孔洞。水太湖产出稀少，十分珍贵，很难看到它的踪影；旱太湖产于湖周围的山地，是地质时期形成的石灰石在风化作用加上酸性土壤的长期侵蚀作用下形成的。旱太湖形状极似山峰，嶙峋俏丽，棱角分明，呈现出独特的自然美。

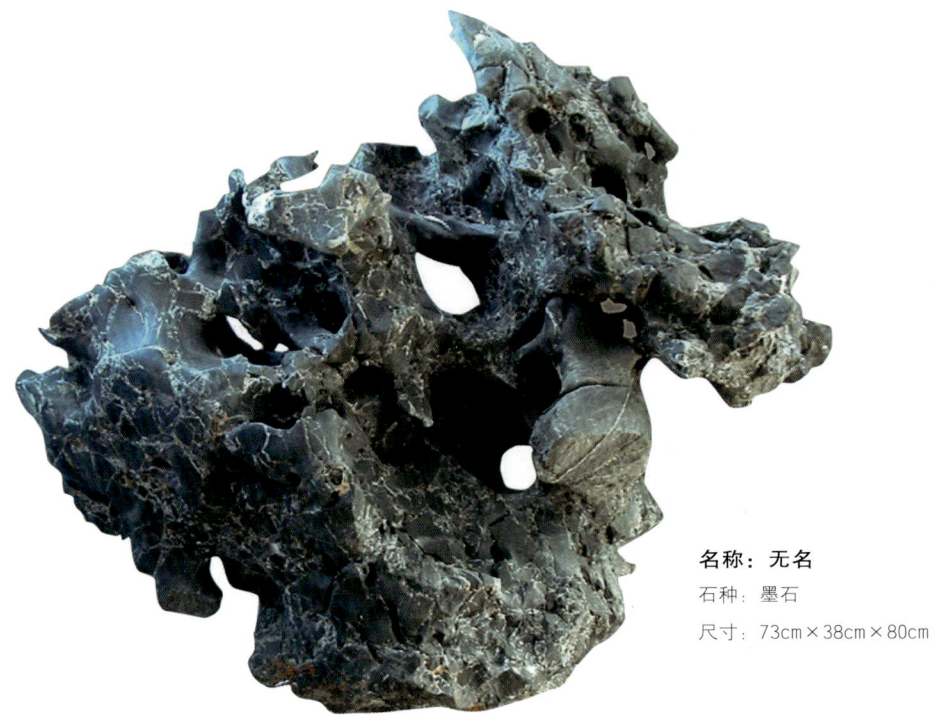

名称：无名
石种：墨石
尺寸：73cm×38cm×80cm

依据产地，太湖石可以分为南太湖和北太湖两种：南太湖是指太湖流域、洞庭湖流域及其周边山地所产的太湖石，大多数为水太湖，是水浪冲刷形成的，多孔穴；北太湖产于秦岭、太行山等地，大多数都是埋在含二氧化碳和水的土层里，由于长期被水溶蚀，表面多呈苍青色或黄色，形状怪异，雄浑有力。

■ 墨湖石

墨湖石是近年来新开发的观赏石种，因为通体呈墨黑色而得名，又叫柳州墨石、墨石。墨湖石以墨黑色为主，石体漆黑、光润、油亮，给人一种凝重浑厚的感觉，再加上其造型奇特，仿生象形，惟妙惟肖，极具观赏和收藏价值，适合厅堂摆设。

墨湖石的成因

墨湖石是碳酸钙沉积岩岩石，属于石灰岩类，石体中含碳质和沥青，是在远古地壳运动以及长期的风吹日晒，再加上含二氧化碳的水长期溶蚀作用下形成的。在水的长期溶蚀下，石体中碳酸钙成分逐渐消融，所以形成了很多大小不均的孔洞、沟槽和千奇百怪的外形。

墨湖石的产地

广西柳州石灰岩区域的一些平坝、山川及土岭是墨湖石的主要产区，具体产地为柳州、柳江、柳城、合山等地，以柳江县百朋镇出产的墨湖石为最佳。

名称：亲情
石种：墨石
尺寸：69cm×17cm×95cm

名称：冠云峰
石种：墨石
尺寸：33cm×13cm×84cm

墨湖石的特点

墨湖石的摩氏硬度为3—4度，墨湖石色泽乌黑，外形通透玲珑，形体逼真，体量适中，符合传统的"瘦、皱、漏、透"的美石观。其缺点是石质较脆，容易受碰撞而折损，尤其是边角的地方。所以搬运的时候要十分小心，以免破坏美感。

墨湖石石体黝黑如漆，光洁润泽，质地细密，给人一种古朴凝重的感觉。墨湖石石体非常富于变化，形态异常奇巧，除了人物、动物、器皿等象形类外，还有山川、流水、楼塔、亭台等景观石。

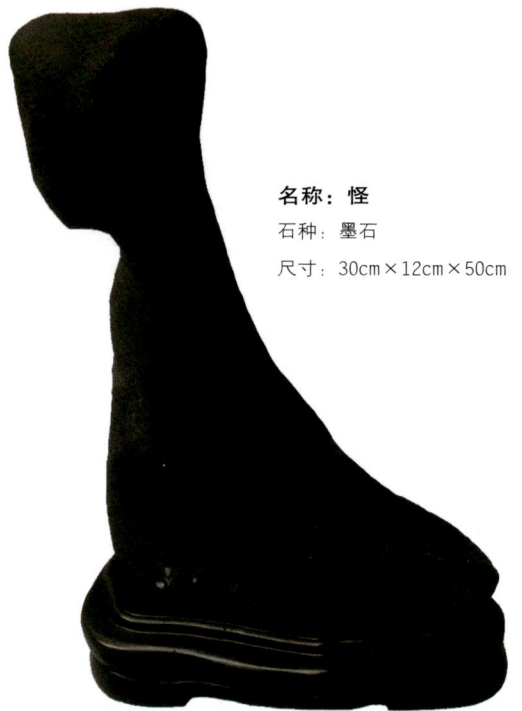

名称：怪
石种：墨石
尺寸：30cm×12cm×50cm

墨湖石的种类

从产地环境来分，墨湖石分为水冲墨石和旱墨石两种：水冲墨石产于河中，主要受流水的冲刷作用而形成，水洗度极好，光洁鲜亮，温润如玉，一定形态的水冲墨石无须任何人为加工，便可成为具有艺术观赏价值的奇石作品。天然水冲墨石为深灰色，触水或上油后为纯黑色；旱墨石被浅埋于泥土中，由于受到土壤和水分的长期化学腐蚀作用，旱墨石石体非常奇巧。旱墨石需要经过轻微处理才能成为合格的观赏石，通常是将粗糙质软的石体表层冲刷干净即可。

从纹理来分，墨湖石还可以分为白纹墨石和云雾石等。白纹墨石是指石体上有数道白色纹理的墨石。石上白纹较多者，被称为花墨石；石上布满白点者，被称为雪花墨石，十分罕见。云雾石顾名思义，指纹理酷似云雾的一类墨石。云雾石黑白分明，层次感、立体感强，是优化景区风景的首选之石。

第二章 大自然的馈赠——奇石的品种

■ 灵璧石

灵璧石因为产于安徽灵璧而得名，又称为磐石，在中国石文化中占有重要地位，被誉为石中瑰宝，并有乾隆皇帝御赐其"天下第一石"的美称。

灵璧石的成因

灵璧石是碳酸盐岩石，形成于距今约8亿年的震旦纪。那时候广阔的海洋产生了大量的藻类，死亡后的藻类与海水中的碳酸盐岩一起沉淀，形成碳酸盐层埋在地下。

这些沉淀物在地球内部温度、压力等作用下成岩，结晶为方解石、白云石。加上混杂着藻类，在岩石上形成了各种色彩的花纹和图案。经过地壳运动，岩层发生褶皱、断裂，加上雨水冲刷，形成了灵璧石。

灵璧石的产地

安徽省宿州市灵璧县境内以及临近的江苏徐州是灵璧石的主要产区。灵璧石的产区大体可以分为三个区域：

名称：莲台清韵
石种：灵璧石
尺寸：56cm×31cm×26cm

名称：虎
石种：灵璧石
尺寸：75cm×20cm×30cm

第一个产石区面积约190平方千米，主要产地为磐石山，是磐石其他灵璧石品种的主产区。

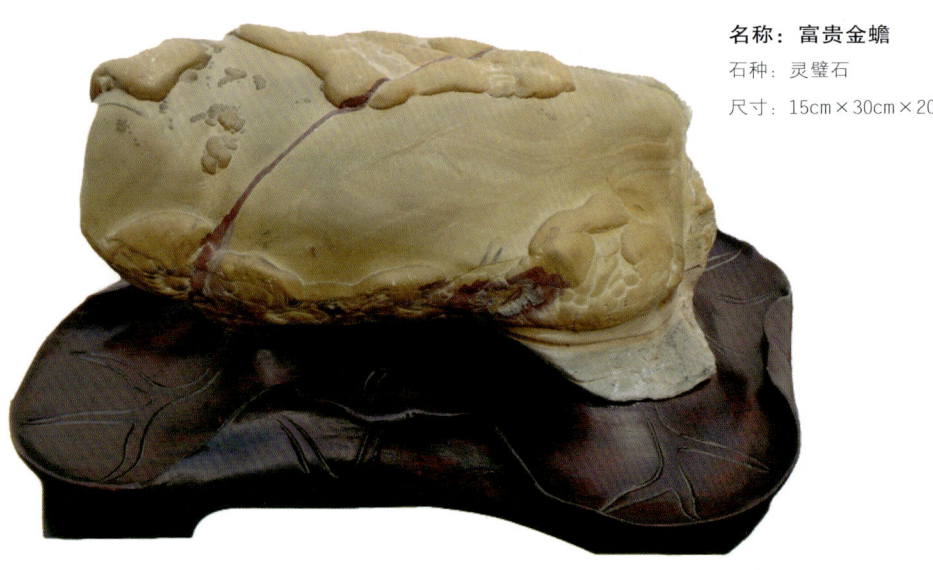

名称：富贵金蟾
石种：灵璧石
尺寸：15cm×30cm×20cm

第二章 大自然的馈赠——奇石的品种

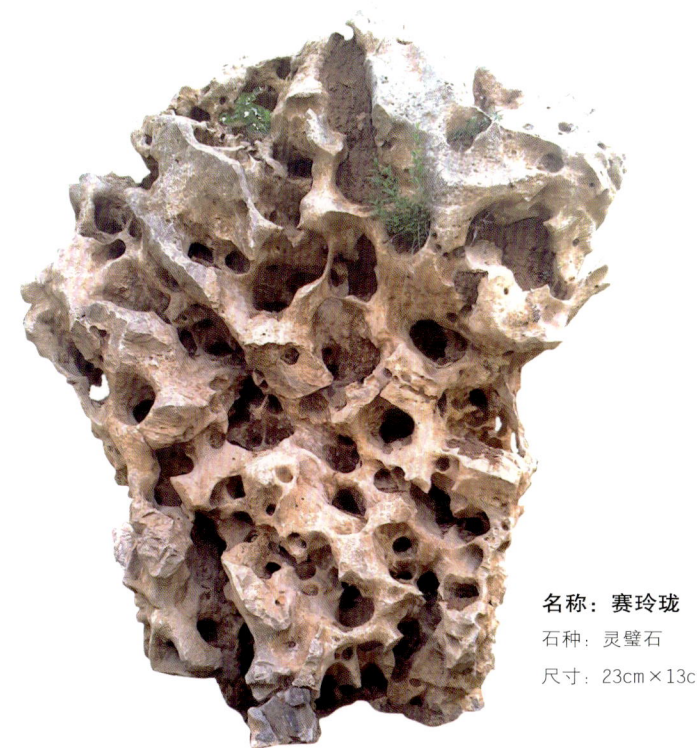

名称：赛玲珑
石种：灵璧石
尺寸：23cm×13cm×45cm

　　第二个产石区面积约 90 平方千米，以下楼镇的灵山为起点向西至尤集镇张楼村，向南至张山，向东至罗蛛山，再向北至灵山，此产地囊括了宿州市的埇桥区和灵璧县两个区，主要出产磬石、透花石及纹石类。

　　第三个产区以灵璧县灵城镇为中心，北至凤凰山、馍馍山，东至三注山，西南至山区，此区主要出产大中型园林石、五彩灵璧石及花山青霜玉石。

灵璧石的特点

　　灵璧石除了具备传统美石"瘦、透、漏、皱"的特点之外，还集形、纹、色、声之美于一身。灵璧石摩氏硬度为 5—7 度，石质细腻温润，以墨黑为主。

　　从形态来说，灵璧石经过上亿年的沉积和风化，具备了圆、拙、怪、灵等特点，有的似动物之形，有的具山水之妙，有的纹理图案自然，造型奇特，传神写意。

从质地来说，灵璧石因为长期在地表裸露，经过暴晒和风、霜、雨、雪的冲刷，所以筋骨精炼、嶙峋。

从纹理来说，灵璧石包罗万象，皮表斑驳，有褶皱带、玉脉等不同形态。纹理交错纵横，有平纹、凸纹、墨纹、龟纹、黄沙纹、螺旋纹、鸡爪纹等。

从色彩来说，灵璧石色彩丰富，有的绚丽多彩，有的古朴高雅，除了青黑为主色之外，还有红、橙、黄、绿、蓝、灰、白、棕等各色以及多色混杂而成的复合色。

从声音来说，灵璧石有悦耳的铜钟声，余音悠长，润人肺腑，能发八音，所以又称为"八音石"，在中国古代用来制作石磬。用小棒轻击或用手轻扣磬石，就能发出金石之声，声音越清越，灵璧石越佳。

名称：洞天福地
石种：八音石
尺寸：26cm×16cm×46cm

第二章 大自然的馈赠——奇石的品种

名称：路路通
石种：灵璧石（磐石类）
尺寸：45cm×20cm×30cm

灵璧石的种类

据统计，灵璧石一共有 52 大类 400 多个品种，一般来说，灵璧石可以分为磐石类、龙鳞石类、五彩灵璧石类、花山青霜玉类、透花石类、白灵璧石类等。

1. 磐石类

磐石又名八音石，是由细晶质石灰岩构成，含细小而均匀的方解石矿物颗粒，由于受变质作用的影响，矿体被挤压形成了类似"瓷"的结构，所以轻敲能发声。磐石又分为墨玉磐石、灰玉磐石、龟纹石等，除了颜色和形体有差异之外，石质基本相似。

2. 龙鳞石类

龙鳞石又被称为碗螺石，龙鳞石主要成分是方解石，质地粗糙，石身布满凹凸形涡状旋纹。碗螺石又分为红碗螺、灰碗螺、黄碗螺等。

3. 五彩灵璧石类

五彩灵璧指的是由不同颜色的层纹带组成的一类灵璧石。五彩灵璧色彩绚丽缤纷，纹理特别，花纹镶嵌，石头上面的图案千变万化，曲折有致。五彩灵璧石可以分为彩灵璧和图案灵璧两种。彩灵璧以色彩取胜，质地细腻；图案灵璧是以图案为主的五彩灵璧石。

名称：吉象如意
石种：灵璧石（红碗螺石类）
尺寸：110cm×48cm×100cm

4. 花山青霜玉类

花山青霜玉类灵璧石摩氏硬度在 7 度以上，石质较硬，手感润滑。这类石大多数是以红黑两色组成的，色透石身，自成一体。

5. 透花石类

透花石类灵璧石大多数为黑色和灰色，形状为圆形或者椭圆形，植物、山川、小溪、沙丘、文字等各种图案位于石体内层。

6. 白灵璧石类

白灵璧又叫白灵石，方解石和白云岩是其主要成分，质地细腻，雪白似玉。白灵璧以白玉状花斑为底色，主要有红白灵璧石、黄白灵璧石、灰白灵璧石、五彩白灵璧石、褐白灵璧石数种。

名称：昭君出塞
石种：灵璧石（白灵璧石类）
尺寸：20cm×13cm×55cm

昆山石

昆山石又名昆石,因产于江苏省昆山市玉峰山而得名,与太湖石、雨花石并称为"江苏三大名石",是中国著名的观赏奇石之一。

昆山石的成因

昆山石的岩性主要是白云岩(碳酸钙和碳酸镁),是距今 5 亿年前的寒武纪时期海相沉积环境的产物。由于地壳运动的挤压,昆山地下深处岩浆中富含的二氧化硅溶液侵入了岩石缝隙,冷却后形成石英矿脉,随后在地质作用下生成晶簇。

名称: 奇峰攀云
石种:昆山石
尺寸:22cm×11cm×50cm

昆山石的特点

昆山石的主要特征是雪白晶莹、剔透多窍、小巧袖珍，一般大小仅尺许，极少见大者。主要用于室内装饰或制作盆景，不适合做假山，很有观赏价值。

昆山石的品种非常丰富，但其数量却相当稀少，因为昆山石的石英矿脉结构复杂多变，形成了各式各样的石英晶簇，所以有很多丰富多样的小品种，但每个小品种的数量稀少。玉峰山是一座小山，因此岩石的储量十分有限。而且只有晶莹洁白、玲珑剔透的石英晶簇才能称为昆山石，所以数量稀少。

名称：无名
石种：昆山石
尺寸：22cm×14cm×27cm

第二章 大自然的馈赠——奇石的品种

名称：艳光
石种：昆山石
尺寸：13cm×8cm×25cm

昆山石的种类

　　昆山石有十多个种类，其种类划分与众不同，是根据出产山峰的名字划分的。昆山有十多座山峰，有鸡骨峰、海蜇峰、杨梅峰、胡桃峰、荔枝峰、雪花峰等，因此就有相应的鸡骨石、胡桃石、荔枝石等，其中以鸡骨石、海蜇石、胡桃石、雪花石最为名贵。鸡骨石是由薄如鸡骨的石片纵横交错而成的；海蜇石状如海蜇，层层叠叠；胡桃石表面皱纹密布，凹凸不平；雪花石形如雪花，纤细灵巧。

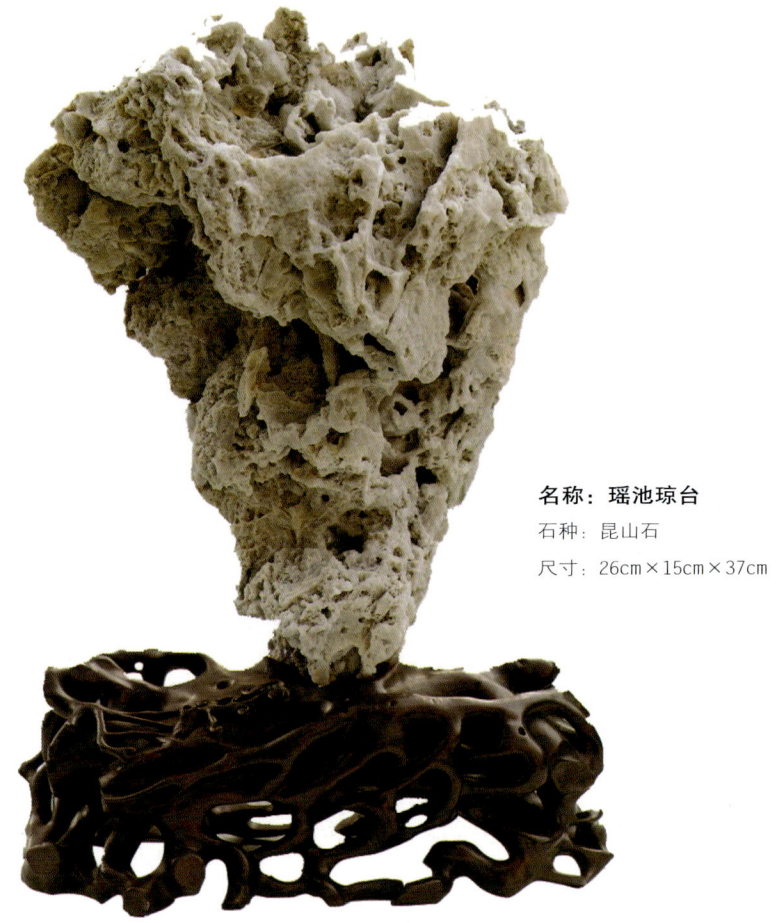

名称：瑶池琼台
石种：昆山石
尺寸：26cm×15cm×37cm

■ 吕梁石

吕梁石因为产于江苏省徐州市铜山县吕梁乡而得名，是一种以造型取胜的石头。

吕梁石的成因

吕梁石形成于震旦纪时期，主要成分是泥灰岩、灰岩。它是由泥岩及海藻等低等植物复合而成，受自然风化后，石体形成了不规则且排列有序的竖形洞穴。石表粘附有一层古香古色的黄土颜色，色彩与洞穴相互层叠，清晰可见。

吕梁石的产地

吕梁石主要产于江苏徐州东南约 25 千米的铜山县吕梁乡地区，主要在吕梁乡的白楼、圣窝、三黄、萧庄等村庄的雾山、大黑山、东山、西山、花山、红山、虎头山等山峰上。

名称：农家小院
石种：吕梁石
尺寸：80cm×30cm×35cm

吕梁石的特点

吕梁石是中国奇石中的一朵奇葩,既有山石的棱角又有水石的圆润,刚柔融于一体。大小不一,大的数米,小的寸许,属于山石,具有浑厚苍劲、古拙凝重、温润可人、造型大气的特点。

吕梁石大都以黄色为主调,黑、绿、红等色点缀其中。大多数都是黄黑相间,黑色是岩石本体,黄色是附在岩石上的极细泥沙。

名称: 临崖戏水
石种:吕梁石
尺寸:45cm×40cm×46cm

第二章 大自然的馈赠——奇石的品种

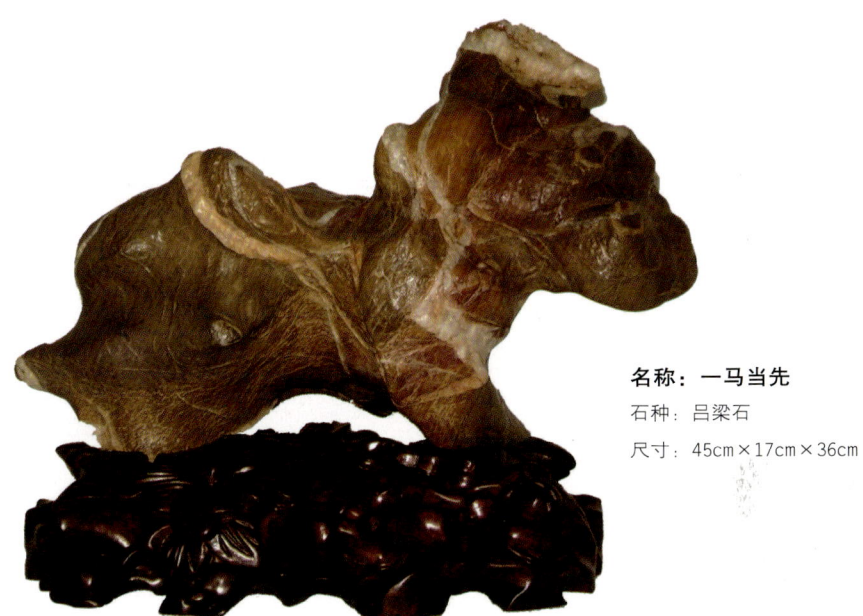

名称：一马当先
石种：吕梁石
尺寸：45cm×17cm×36cm

地下挖出的吕梁石品相较好，裸露在地表的由于风化作用，石质疏松，品相相对较差。出土后的吕梁石需要先清洗，去除附在石头表面和洞穴里的泥沙，经过人工处理之后才能配座欣赏。

吕梁石造型以象形和景观为主。吕梁乡地区是古泗水和黄河的交汇处，此地岩石在地壳运动中受到挤压，形成褶皱，再在黄河水的侵蚀作用下出现层状分化发育，最后形成多层穿洞叠置、造型奇特的形态。

吕梁石的种类

吕梁石可以按色彩分类，也可以按石形分类。

按色彩分，吕梁石以黄色为主，中间夹杂部分别的颜色，一般可以分为青黄吕梁石、黄赭吕梁石、紫红吕梁石、青紫吕梁石等。数量最多的是青黄吕梁石，岩石本身的颜色是青黑色，黄色是黄河水浸染的颜色，这两种色彩在青黄吕梁石中交替存在；黄赭吕梁石外表是黄褐色，夹杂少数紫红色块；紫红吕梁石外表是紫红色，色如夕阳红；青紫吕梁石是青黑色和紫红色相间分布，形状多样。

名称：展翅飞翔
石种：吕梁石
尺寸：40cm×10cm×50cm

名称：杨贵妃
石种：吕梁石
尺寸：15cm×12cm×23cm

　　按石形分，吕梁石可以分为象形石、景观石和山形石三类，大的高数米，小的在方寸间。象形石造型简练、惟妙惟肖；景观石姿态万千，引人入胜；山形石形态奇异，石体高低错落，独具魅力。

来宾石

来宾石又名水冲石，产于广西柳州地区来宾县境内红水河中下游河段。由于红水河河湾多险滩，河段两岸多为古代熔岩地貌，水流湍急，两岸和河床里的岩石被河水不断搬运、撞击、冲刷、腐蚀，形成了各种各样的奇石。

来宾石的成因

来宾石成分很复杂，主要是以灰质岩石为主，包括硅化灰岩、燧石结核灰岩和灰岩等。来宾石原岩大约于距今3亿年前形成，摩氏硬度约为6，质地坚硬，耐磨性强，多为团块或不规则条带。来宾石是享誉于世的名石，开采的历史可以上溯到明清时期。

名称：富贵鸟
石种：来宾石
尺寸：13cm×8cm×21cm

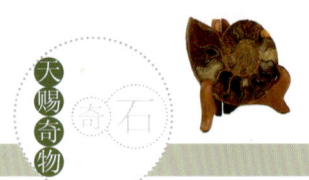

名称：步步高
石种：来宾石
尺寸：22cm×12cm×43cm

名称：马到功成
石种：来宾石
尺寸：32cm×18cm×47cm

来宾石的特点

一般来说，来宾石石形整体变化不大，石质坚硬，质地细腻，由于长期受湍流冲蚀、砂石磨砺，所以表面光滑，通常会显露出金属光泽，有独特的水洗度及光润手感。

来宾石古朴沉稳，瑰丽多姿，以黑、黄、青灰为主色调，兼有黄褐、墨绿等颜色，纹理清晰、造型奇特、构图巧妙。

来宾石外形之中有景有物，形、质、纹、色、声五韵俱全。品类繁多，但是产量稀少，因此具有很高的收藏价值。

第三章 大自然的馈赠——奇石的品种

来宾石的种类

由于在形成过程中受到特殊的自然环境的影响，所以来宾石的种类较多，有纹石类、水石类、山石类和化石类。纹石类包括细纹、线条纹、粗纹、层叠纹、云纹等；水石类包括彩釉石、鸳鸯石、云纹石、水墨石、黑珍珠、龟甲石、松皮石、黄蜡石、木纹石、油卵石等；山石类包括千层石、墨石、石胆石、响石、鱼子石等；化石类包括菊花石、硅化木、壮锦石、珊瑚石、贝类化石等。其中石质坚硬，石皮光滑细腻的黑珍珠和纹石类最具收藏价值。

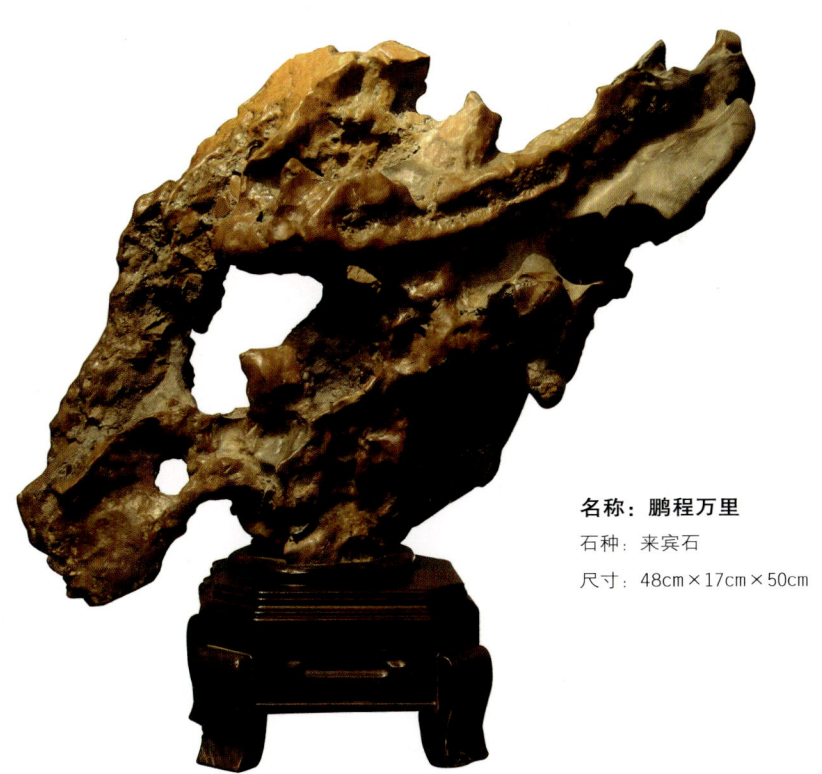

名称：鹏程万里
石种：来宾石
尺寸：48cm×17cm×50cm

云锦石

云锦石产于湖北恩施大龙潭清江河,具有出土文物般的神韵,纹如云似锦,色如古陶、青铜器,又名"古陶石"。自从 1996 年发掘开采以来,一直深受国内外藏石爱好者的青睐。

云锦石的成因

云锦石埋藏在清江河滩残留的大姑期冰碛泥砾层中,是硅质灰岩类砾石在特殊条件下所形成的观赏石。砾石在漫长的岁月里不断流失、溶蚀、积淀,其外层的活性原色也因溶蚀而流失,铝以氧化物的形式残留下来,形成黄色或灰白色高岭土状表层,积淀析出的硅酸盐则逐步形成新的结晶岩层——云锦花纹层,其纯度和结晶程度决定了云锦石的硬度。

名称:龙摆首
石种:云锦石
尺寸:15cm×18cm×26cm

大自然的馈赠——奇石的品种

云锦石具有以石裹石的特殊构造。内外两种不同的石质组成了云锦石的石体，有的花纹层被磨蚀冲毁而成为全裸的砾石，有的内胎已经溶蚀殆尽而成为难得的镂空石。从泥砾层中挖出来的云锦石，外形为卵状、卵块式圆状，表层被一层细腻松软的灰白色或黄色黏土包裹。洗刷掉黏土层之后，便会现出一层厚度不等的浮雕式花纹。

云锦石的特点

云锦石体密温润，质地细腻；石体披甲藏胎，具有致密坚硬的肌质美和奇巧特异的结构美；色泽凝重和谐，其主色调是青色与黄色，有淡黄、米黄、泥黄、深黄、铬黄等，温和古朴，其他的是灰白、淡蓝、铁红、浅赭、微黑等色。每一块云锦石都有团，线条纹理风格类似但是绝不雷同。其花纹突出石面，呈浮雕状，线条流畅婉转，雅致精细，以此构成一幅幅千姿百态、富有立体感的景象。

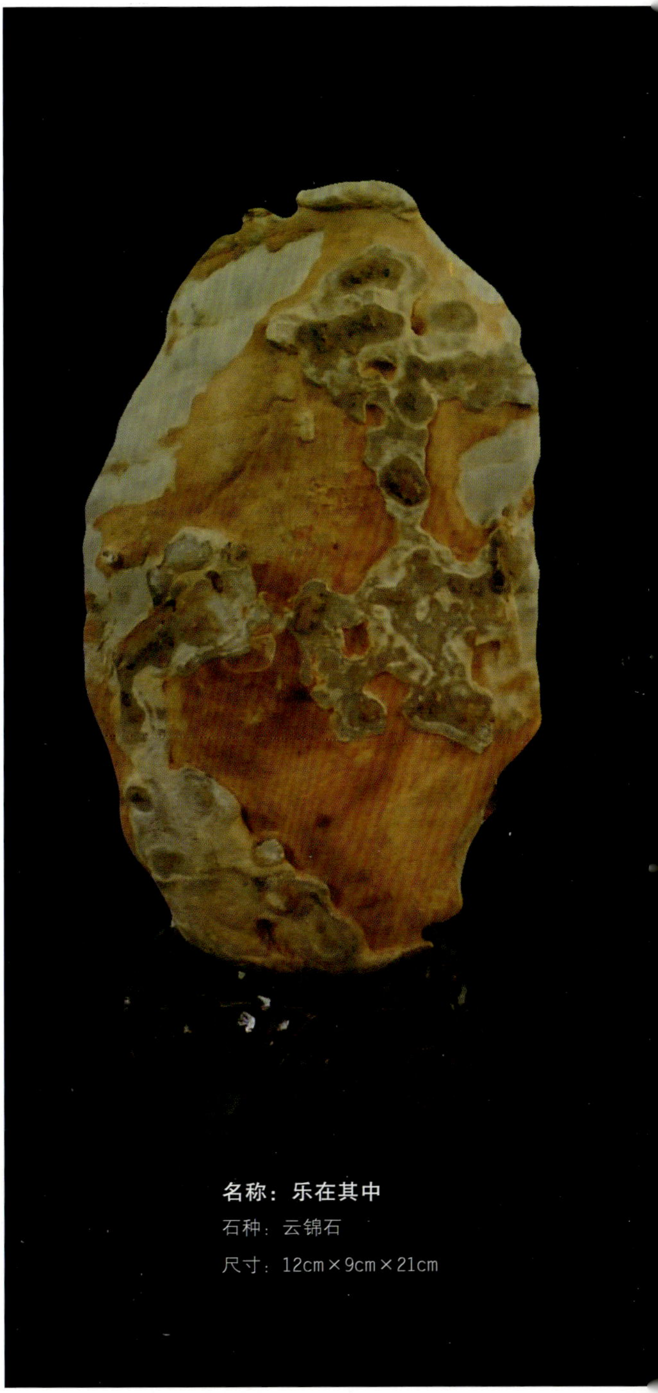

名称：乐在其中
石种：云锦石
尺寸：12cm×9cm×21cm

云锦石的种类

按照云锦石形成的花纹特点、溶蚀的深浅，可将云锦石分为四种类型：

1. 满花型

亦称为全包型，整个石面都布满花纹，没有溶蚀空间。

2. 镂空型

花纹彼此相连，疏密相间，空间溶蚀较深，有的只剩下很少的母岩，掏去溶蚀风化物，清洗干净之后，就如同一件精美的镂空雕刻艺术品。

3. 浮雕型

花纹没有完全覆盖石面，花纹或疏或密，或粗或细，错落有致，形成浮雕状，灰赭色的溶蚀空间与黄色花纹相映成趣。

满花型云锦石

浮雕型云锦石

第二章 大自然的馈赠——奇石的品种

名称：虎啸
石种：沙漠漆
尺寸：不详

4. 双色或多色型

硅碳质灰岩与硅质灰岩相间的砾石，在溶蚀、结晶的过程中形成了褐色、黑色或黄色的花纹，相互映衬，别具一格。

■ 沙漠漆

沙漠漆指的是岩石在沙漠、戈壁中受到自然环境的影响而形成的一层黑色或深红色的薄膜，像是涂抹了一层亮漆。沙漠漆是古代著名的赏石之一，在《云林石谱》中就已经被提及了。

沙漠漆的成因

在干旱的戈壁中，基岩裸露的荒漠区的地下水矿化度很高，除了各种盐类外，水溶液中也有高浓度的氧化锰和氧化铁溶解。地下水上升，蒸发后会在石体表面残留一层黑色氧化锰薄膜和红棕色氧化铁，就像涂了一层亮漆。

由于水分蒸发的时候被停留在地面上的砾石阻挡，砾石的底面便形成了许多露珠状的水点。与此同时，荒漠中的石头非常干涸，拼命吸收，以致于这些矿物质不仅停留在石头的表面，也会进入石内一定深度，形成各种各样美丽的图案。

名称：鸿运当头
石种：沙漠漆
尺寸：15cm×10cm×17cm

沙漠漆的特点

依据作为载体的岩石来分类，沙漠漆可以分为板岩、灰岩、花岗岩、火山岩、玛瑙、碧玉、蛋白石沙漠漆等；依据石表的画面分类，可以划分为山水画、油画、朦胧画、生物图形等不同的种类。

名称：达摩面壁
石种：沙漠漆
尺寸：42cm×11cm×18cm

第二章 大自然的馈赠——奇石的品种

名称：神羊献宝
石种：沙漠漆
尺寸：18cm×9cm×18cm

画面美丽、造型生动的沙漠漆极具观赏和收藏价值，以石质来说，载体岩石的硬度越高越具备收藏价值。沙漠漆虽不少见，但是画面奇特新颖的却很难得。例如，能被玛瑙、蛋白石等透明矿物或者岩石所包裹的沙漠漆则是绝品，价值倍增。

戈壁石

戈壁石又被称为风棱石、大漠石，是产于沙漠、戈壁地区的观赏石的总称。多为火成硅质岩，大部分都是因为风沙吹蚀而成的砾石，有少部分是在岩洞中生成的。

名称：戌狗
石种：戈壁石
尺寸：35cm×13cm×28cm

戈壁石的成因

大约在 2 亿年前，阿拉善盟地区曾是一个广袤的内陆湖，后来由于地壳运动频繁，火山不断喷发，最终变成了荒漠戈壁。当时火山喷发产生的一些由二氧化硅等物质组成的岩石，经过漫长的的地质运动及亿万年的自然剥蚀，与山体剥离后，被风力搬至戈壁滩上，在猛烈的风沙磨蚀下，迎风处被削出两面光滑的棱面，而棱面间则形成锐利的棱角。因其受风力侵蚀时间长短不同，光面的大小也各不相同。由于迎风位置改变等因素，有的岩块生出更多的光面，成为多棱石。在长期的风力侵蚀、研磨，以及气候的影响下，形成了品种丰富、形态奇特、色彩绚烂的戈壁石。

戈壁石的产地

戈壁石因产于我国甘肃、新疆、青海、宁夏、内蒙古等地区的沙漠戈壁之中而得名。其主要产于腾格里沙漠、巴丹吉林沙漠、乌兰布沙漠中的戈壁滩以及阿拉善盟和巴彦淖尔盟北部的荒漠、戈壁中。

大自然的馈赠——奇石的品种

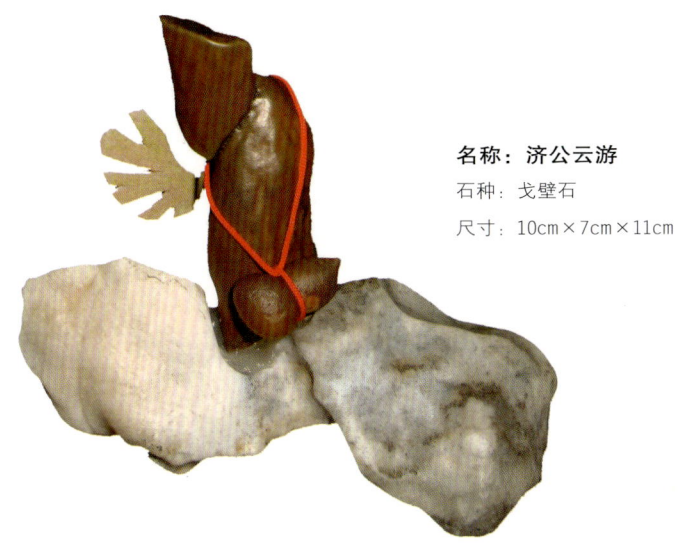

名称：济公云游

石种：戈壁石

尺寸：10cm×7cm×11cm

戈壁石的特点

戈壁石质地可以分为玉髓、玛瑙、石英、碧玉、蛋白石等不同的类型，摩氏硬度一般在7度左右，石皮润朗、光滑细腻、大小不一，多为小型石。颜色丰富多彩，缤纷亮丽，润而不艳，有乳白、粉红、蛋黄、黑色、褐色等。

戈壁石存在于西北大沙漠之中，受干旱等恶劣自然环境的影响，长期受到风沙的侵蚀与腐蚀，形成了多种生动奇特的姿态。有的棱角突出、凹凸起伏，有的似人似物，形象逼真。

名称：鲫鱼捕食

石种：戈壁石

尺寸：16cm×9cm×11cm

名称：色彩斑斓
石种：戈壁石
尺寸：20cm×14cm×16cm

戈壁石的种类

戈壁石具有很高的收藏价值，主要品种有玛瑙、碧玉、集骨石、木化石、黄玉髓、千层石、蜂巢石等。

1. 玛瑙

玛瑙主要由二氧化硅组成，质地细腻、坚硬，摩氏硬度为6.5—7度，是火山晚期热液填充早期洞穴后生成的矿物石英质。玛瑙在戈壁石中是收藏价值最高的，色彩极其丰富，有黄、白、红、紫、蓝等，以一种颜色为主，也间杂其他颜色。

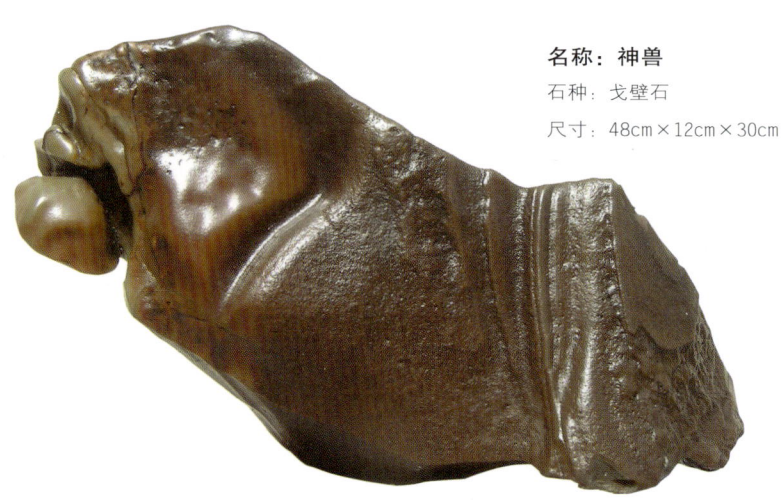

名称：神兽
石种：戈壁石
尺寸：48cm×12cm×30cm

玛瑙的形状多数与生成空间有关，经过风沙打磨，石面光润，鲜明通透。玛瑙形状多变，小巧玲珑。玛瑙分为缠丝玛瑙、葡萄玛瑙、珍珠玛瑙和七彩玛瑙。葡萄玛瑙最珍贵，其通体布满了大小不一的圆球，如同串串葡萄，晶莹剔透。

2. 碧玉

碧玉与玛瑙一样，成分主要为二氧化硅，石质坚硬，摩氏硬度为 6—7 度，是由氧化铁和二氧化硅物质填充于火山气孔中，经风化、剥离而成的色彩斑斓的岩石。因为成石过程中含有微量金属元素，所以能够发现各色相间的碧玉。

碧玉石肤光润、色泽明丽，个别石肤上有酱红色或黑色沙漠漆，更显古朴厚重。碧玉大多数都呈板块状，线条简单，外形变化不大，如果能够具备一定的造型，则会更加珍贵。碧玉可以按照颜色分为红碧玉、黄碧玉和绿碧玉。

3. 集骨石

集骨石又叫"鸡骨石"，其瘦骨嶙峋、参差交错，是一种呈放射状的硅质框架构造石，大多数产于巴丹吉林沙漠东北边缘的戈壁地区。集骨石以花形完整、整朵同聚的玛瑙或玉髓质最具观赏价值。

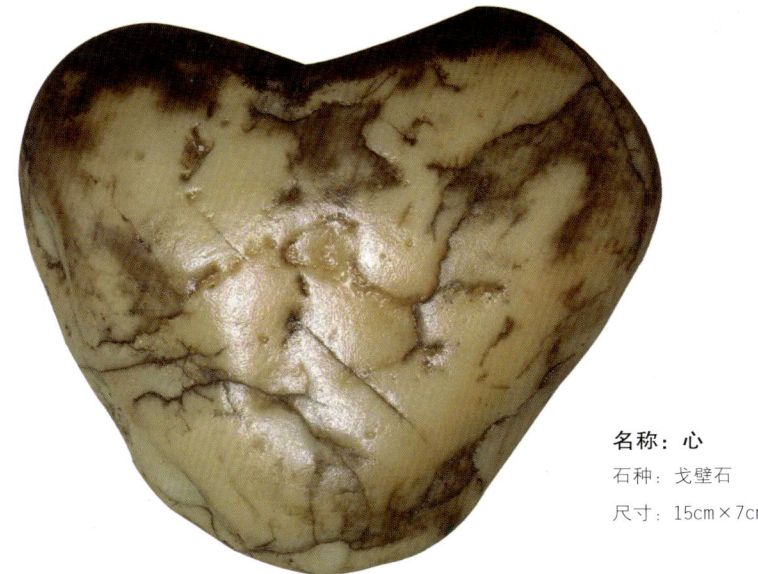

名称：心
石种：戈壁石
尺寸：15cm×7cm×13cm

名称：千疮百孔
石种：戈壁石
尺寸：15cm×10cm×13cm

4. 木化石

木化石是戈壁石中比较特殊的一种，是树木在地下经过漫长的硅化作用形成的。木化石以多面光滑，质地黝黑发亮，木纹清晰，年轮易辨，完整、有皮、有节、有瘤者为上品，象形状物者更有观赏、收藏价值。阿拉善盟乌力吉以东的山坳是木化石的主要产地，额济那旗以西的马鬃山地区也有少量出产。

5. 黄玉髓

黄玉髓的化学成分、硬度与碧玉相同，形状比碧玉更富于变化，凹凸有致、扭曲多变。黄玉髓块度一般为20—50厘米，产于阿拉善盟笋布尔以北的戈壁中。

6. 千层石

千层石的岩质是白云岩，多为层理结构，形状参差多变。一般千层石的块度为10—30厘米，也有1米以上的，主要产于巴彦淖尔盟乌拉山东北的戈壁中。

7. 蜂巢石

蜂巢石的岩质为玄武岩，因为石肌有许多孔洞，形似蜂巢而得名。蜂巢石块度一般为10—30厘米，石色有红、灰、黑、绿、赭等各种颜色，蜂巢石主要产于阿拉善盟苏宏图地区的戈壁滩上。

■ 淄博文石

淄博文石又名文石、博山文石、柳泉文石，因为产于山东省淄博市博山区而得名。淄博文石在明末清初的时候已经是十分著名的观赏石品种了，属于古代青州石的一个分支。

淄博文石的成因

淄博文石属于石灰岩，石质细腻，一般呈灰白色、灰褐色、玄黑色等。山体岩石在风化、雨水冲刷及地壳运动等作用下，发生解体，被解离出来的石块深埋于酸性红壤土中，形成了千姿百态的造型，大小不等的孔窍沟壑，以及表面变化多端的立体纹理。

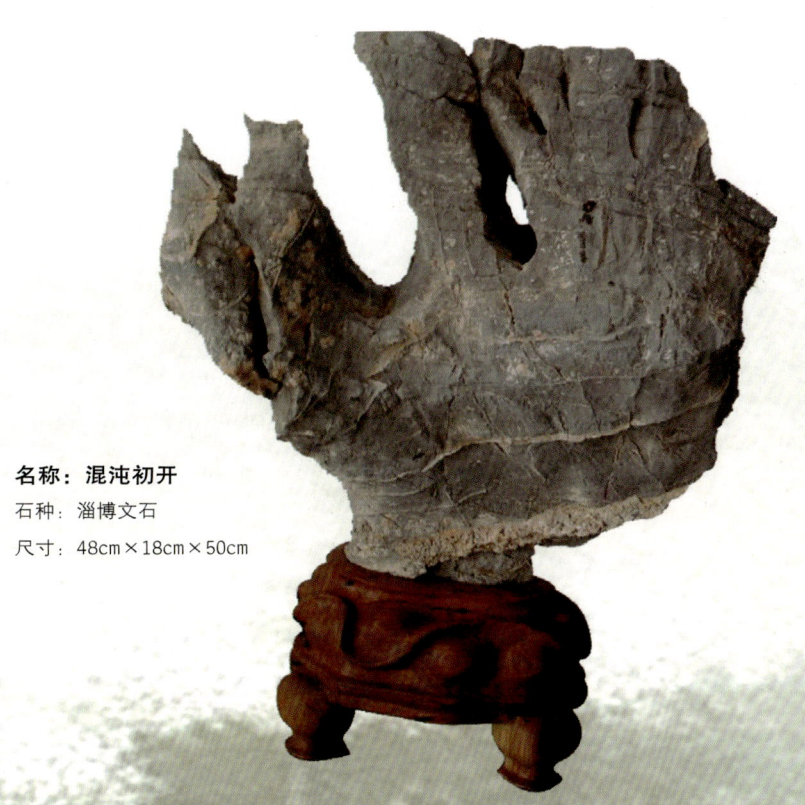

名称：混沌初开
石种：淄博文石
尺寸：48cm×18cm×50cm

名称：灵山圣景
石种：淄博文石
尺寸：65cm×40cm×51cm

淄博文石的产地

博山和淄川两区是淄博文石的主要产地，具体产地为神头黑石湾、石炭坞老猫窝、蛟龙扫帚坡、石马、万山、岳庄、白石洞、南平、西河、黑旺、磁村等地，以神头黑石湾及岳庄所产为最佳。

淄博文石的特点

淄博文石是新开发的青州石的一种，因为石上有纹理，所以被称为"文石"。淄博文石造型奇特，或为物状，或成峰峦，或玲珑剔透，千奇百怪，具有"瘦、漏、透、奇、灵"等特点。

名称：石魂
石种：淄博文石
尺寸：33cm×19cm×63cm

第二章 大自然的馈赠——奇石的品种

除了千姿百态的外形，淄博文石石表纹理富于变化，具有点线交错、延伸、平行或弯曲等特点，形成各种不同的皴折效果，立体感十足。灰黑、褐黄、白色等色彩，构成了淄博文石独特自然的艺术风格。

淄博文石的种类

淄博地区赏石资源十分丰富，主要有马牙石、璇玑石、三叶虫化石、钟乳石、淄砚石等。马牙石主要用于文房清供或园林造景；璇玑石产量稀少，近几年少有新石面世；三叶虫化石石体小，石板自然，裸露地表者由于受到了风化作用，受损严重；钟乳石因为与铁矿石共生，结晶很好，具有观赏性；淄砚石质坚而润，是制砚的良材。

■ 武陵石

武陵石的产地是湖南湘西苗族自治州凤凰县，由于地属武陵山脉，所以被称为"武陵石"。

名称：原山暮雨
石种：淄博文石
尺寸：126cm×32cm×73cm

武陵石的成因

　　武陵石大多形成于亿万年之前,产地武陵山脉属于板溪群内,地质年代古老,奇石古气超群。武陵石藏于神秘幽静的深山中,一经发现,其精美绝伦之风采,即令爱石者惊艳痴迷,成为藏石界的珍宝。

名称:雄鸡报晓
石种:武陵石
尺寸:不详

名称:千佛洞
石种:武陵石
尺寸:41cm×20cm×37cm

第二章 大自然的馈赠——奇石的品种

名称：一帆风顺
石种：武陵石
尺寸：32cm×11cm×28cm

张家界地区在远古年代是一片汪洋大海，武陵山脉和临近的湘西雪峰山脉在前震旦纪的时候曾经被海水淹没。海水长期侵蚀着岩石，再经过漫长岁月的地质运动，自然风化，河水搬运、冲刷与砂石磨砺、溶蚀，形成了造型独特的张家界奇石。

武陵奇石经过了漫长时期的变化发展，历经严寒酷暑、风雨雷电、地震洪水、沧海桑田，更显古老苍劲。因阴阳刚柔、运动、气势、关系、结构、力量、节奏及相关对立因素影响而历经磨难、分化。比古铜更久远的武陵石的石色、质、形、纹都暗含着宇宙运行、万物消长、季节轮换、日月交替的奥秘。

名称：琼台仙境

石种：武陵石

尺寸：23cm×9cm×26cm

武陵石的产地

湖南湘西凤凰县北部群山平均海拔在 800 米以上，是苗族村寨的集中地，也是武陵石的产地。武陵山脉在常德地区的西北角，澧水贯穿全境；雪峰山脉地势高峻，南北延伸 300 多千米，是沅水和资水的分水岭。这两大山脉地貌层峦叠嶂，山岭连绵。在高山溶洞内，沅水、澧水流域的河滩溪畔中，石门县城郊河谷、常德沅水边，奇石蕴藏量比较丰富。武陵石大多数都产自坡上的石缝中，开采十分困难，所以价格不菲。

武陵石的特点

武陵石具有很高的观赏价值和收藏价值。鉴赏武陵石，需要从几个方面着眼：

（1）赏造型。多年水流冲击形成的武陵石，石质光滑，色泽古朴，造型多样，十分奇巧，大多数为亭台楼阁，海市蜃楼式的形态，中间有镂空，上下均分。

（2）赏色泽。武陵石具有明快而不失凝重的色泽，复色与间色十分丰富。石头上的纹理多数为赭色、古铜、深红、浅紫等色，体量大的石头一般底色呈浅灰、灰绿、红紫、墨黑、米黄等颜色。

第三章 大自然的馈赠——奇石的品种

（3）赏层次。武陵石多形成一层灰岩一层黑岩的叠层石，错落有序，层次分明。石形大多以石瀑、龙舟、怪峰、洞窟、山峦、楼阁等为主。

（4）赏图纹。武陵石以图纹石居多，石头上有平纹也有浮雕纹，由点、线或块、面构成了自然画面，写实写意。像山水风景者具有特色，尽显名山大川的俏丽风情和自然神韵，近处山石见质，远处山形见势；像动物者神态各异，惟妙惟肖。

（5）赏意境。武陵石意境空灵，气韵生动，整齐中富有变化。有些如同仙山琼阁，有些如同古典建筑，雕梁画栋，层次迭出，典雅古朴。观赏的时候能够感觉到天地悠悠，沧海辽远，山风呼啸，历史回响。

（6）赏比较。武陵石的外形特征和徐州吕梁的吕梁石极其相似，初入石界的人很容易将它们混淆，其实武陵石有着自己独特的魅力。在山石的赏玩中，武陵石以层次分明、造型独特、视觉冲击力强而得到广大石友的认可与欢迎，备受推崇。

名称：金字塔
石种：武陵石
尺寸：46cm×21cm×33cm

■ 摩尔石

摩尔石是近两年来在广西红水河水冲石中崛起的新秀，是一种水冲石，在当地俗称磨刀石，后因其与英国现代雕塑大师亨利·摩尔的雕塑气质十分相似，所以用摩尔石来命名。

摩尔石的成因

致密块状的砂岩是摩尔石的原岩，因为成岩后受到火山喷发作用的影响，后来接触变质，体块较大，石体没有存留在层理面。岩块原来的节理裂隙不是交错纵横的，岩石中的结构、成分又有一定的差异，局部也存在一些不穿透石体的节理。这些部分受到河流冲刷及水蚀，留下没有裂隙的坚硬块体，又因为所处河床环境的特殊，使得那些弧形弯曲部位保存完好。在这样特定的自然环境中，摩尔石形成了奇特的形态。

名称：大道圆通
石种：摩尔石
尺寸：30cm×26cm×58cm

名称：锁云
石种：摩尔石
尺寸：60cm×30cm×60cm

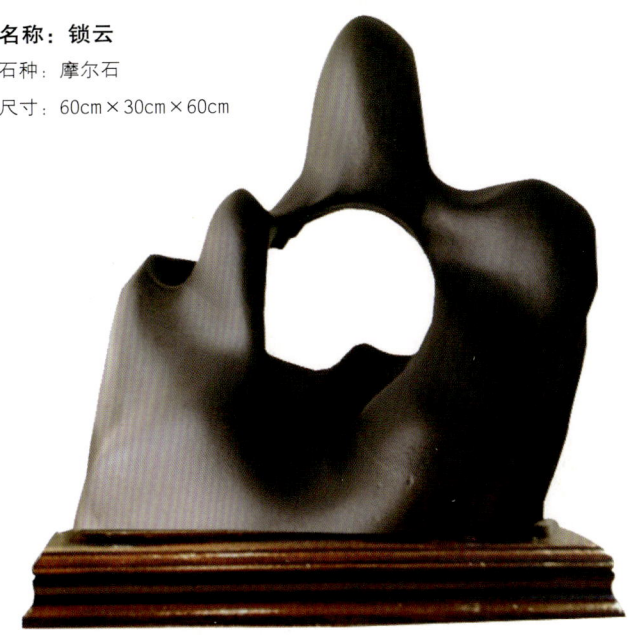

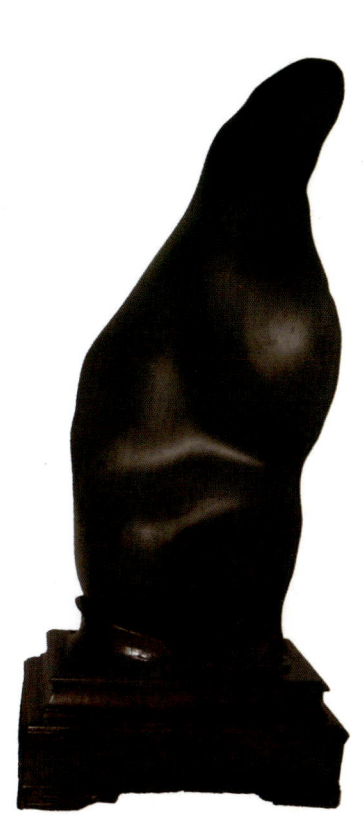

名称：海狮
石种：摩尔石
尺寸：38cm×18cm×103cm

摩尔石的特点

摩尔石比例匀称，线条柔美，具象与抽象意味相结合，极富雕塑张力感和艺术感染力。

■ 结核石

结核石是一种核状球形石，形似生姜，所以又叫姜结石，也叫铁胆石。结核石属于造型石，有的是单体，有的是连生体，全国各地皆有生产。

结核石的成因

结核石是在距今 5.4 亿—2.5 亿年的寒武纪早期形成的。地下水或者大气降水所溶解的碳酸氢钙在运移过程中,沿着质点凝聚,胶结地层中的砂粒或者黏土,形成了链球状、球状和不规则形状的结核石。

结核石的特点

结核石形态各异,大小不一,其成分与周围的岩石存在明显的差异。它以方解石、白云石和高岭石类黏土矿物为主要矿物成分,含有少量褐铁矿和石英。结核石是砂质岩浆凝固而形成的团块,常见人物、兽类造型,以椭圆形和圆形居多,还有壶形、罐形、帽形、坛形、果形、砂锅形、飞碟形、车轮形、铁饼形、碗碟形、哑铃形、葫芦形、香炉形、花生形、三连体、多联体及其他动植物形体等,变化奇特,是一种极具商业价值的观赏石。

名称:圆满
石种:结核石
尺寸:直径约 19cm

大自然的馈赠——奇石的品种

名称："石"
石种：结核石
尺寸：39cm×20cm×30cm

　　结核石形成之后，经过干燥或者成岩过程，失水固结，体积收缩，就会出现空腔。空腔中如果有可以自由活动的石核，摇动时便会作响，所以结核石又被称为"响石"。石内的空腔越大，石核数量少而体积数较大的时候，响声就会越大。结核石石体表面凹凸不平，表层散布着硫化铁的黄色晶体，晶体构成的图案璀璨夺目，光芒四射。

名称：通天河神龟
石种：结核石
尺寸：40cm×28cm×30cm

名称：多子多福
石种：砂岩结核石
尺寸：12cm×17cm×26cm

名称：金花古坛
石种：结核石
尺寸：21cm×21cm×16cm

结核石的种类

结核石分布广泛，种类繁多，可以按照其不同的物质组成分为硅质结核、钙质结核、锰质结核、铁质结核、硫铁矿结核等。

硅质结核产于粉砂岩、灰岩和泥岩中，其石质硬度较大，燧石灰岩结核石是其代表石种。

钙质结核形状怪异，是分布最广的一类结核石，产于黄土或粉砂岩中，多为灰白色和浅黄色。

锰质结核大多数都出产于锰矿中，含有30多种金属，内部呈现一层层的同心结构，颜色多为黑色。

铁质结核硬度适中，指的是含氢氧化铁的溶液渗入黏土、砂岩底层中，胶结其四周的岩石颗粒而成核的一类岩石。铁质结核也称褐铁矿结核，颜色为褐色、红色、棕黄色等，代表石种有响石、空心石和木鱼石等。

第三章 大自然的馈赠——奇石的品种

名称： 如意寿桃
石种：火山弹
尺寸：不详

硫铁矿结核是以硫化铁溶液渗入黏土、砂岩中，聚集岩石颗粒而形成的一类结核石，外表呈现的是金黄色。

■ 火山弹

火山弹是火山喷发出的熔岩冷却后的产物，又叫"火山蛋"，是一种极其具有科研价值的造型石。通过对火山弹的研究，地质学家可以确定地下矿物的种类及火山喷发的年代。弹核及多层同心圆胶结物构成了火山弹，同心圆由厚变薄，由里向外，组成物质从里往外越来越细，胶结物的主要成分为粗粒熔岩、火山灰等。

名称：不详
石种：火山弹
尺寸：不详

火山弹的成因

在火山喷发的时候，部分地下的熔岩碎块和高温熔岩被带到高空，在这个过程中，熔岩受到了拉伸、压缩、扭曲、旋转等作用，被喷出地面后迅速凝固、冷却，形成了各种各样、奇形怪状的火山弹。

名称：不详
石种：火山弹
尺寸：不详

火山弹的产地

火山弹集中产于被保存得较好的火山岩区,比如中国黑龙江省五大连池区、内蒙古自治区达来诺尔地区、云南省腾冲火山岩地区。

火山弹的特点

火山弹因为快速冷凝收缩,外壳通常呈现玻璃质和致密状,有裂纹和螺旋纹理,内部常呈气孔状,多孔洞,甚至有的中空。火山弹外形多样,主要有梨形、长形、圆形、纺锤形、椭圆形。

虽然火山弹有气孔,但是表面不光滑,体态具有塑性变形特征。火山弹一般堆积在火山锥斜坡上或者火山口附近,颜色大多数呈现棕褐色、灰黄色、黑色等。

球形火山弹

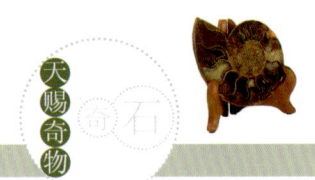

纹理石

纹理石指的是具有美丽纹理的观赏石，自然界赋予了其内涵丰富的线条和清晰美妙的纹理、层理、裂理以及平面图案。纹理石大部分都是卵石。

■ 雨花石

雨花石是世界观赏石中的一朵奇葩，其石质有玛瑙、蛋白、水晶、玉髓等，素来以质、形、色、纹和呈象、意蕴而著称。因产于江苏省的江宁县聚宝山雨花台一带而得名。

名称：大白兔

石种：雨花石

尺寸：3.5cm×2.2cm×4cm

第二章 大自然的馈赠——奇石的品种

名称：秃鹫
石种：雨花石
尺寸：8.2cm×7.5cm×8.6cm

雨花石的成因

  雨花石产自历史上火山活动频繁的长江下游地区，生长于火山熔岩的气孔中，或其他岩石的裂隙中，由内壁开始向外逐层沉淀固结而成。由于地壳运动等自然的震动风化，这一带的玛瑙块崩落剥蚀，脱落而出，后经过山洪冲击、流水搬运和砂石间反复翻滚摩擦，最终形成了雨花石。

  雨花石在生长过程中，带色离子的化合物被裹缠粘带，凝固后形成了雨花石的色彩。比如赤红色是铁，紫色是锰，蓝色是铜，翡翠色含绿色矿物，黄色半透明是二氧化硅胶体石髓等，这些色素离子溶入二氧化硅热液中的含量和种类不同，所以呈现出深浅、浓淡千变万化的色彩。

雨花石的产地

  雨花石的主要产地是江苏省南京附近的仪征市地区。根据江苏省地质三大队对现在开采塘口的勘察，雨花石储量约为900万吨，球石资源储量在5000万吨以上，大多数资源集中于月塘乡。仪征市的雨花石硬度高，含铁量少，质地上乘，价格合理，色彩艳丽，深受收藏者喜爱。因其所产雨花石兼备质、形、纹、色、呈象、意境六美，所以被誉为"天赐国宝，中华一绝"。

雨花石的特点

雨花石的主要自然特征便是人们俗称的"六美",即"质地美、形态美、色彩美、纹理美、呈象美、意境美"。

雨花石体积不大,一般直径在几厘米左右,形状近似圆形、桃形或椭圆形,给人娇小、玲珑、圆润的感觉。雨花石的纹理多为圈状花纹,变化无穷,常常呈现出人物、动物、花木等景象,使人遐想联翩,万般迷恋。

雨花石的质地莹润光滑,透明的像水滴,半透明的像凝脂,不透明的像洁瓷。雨花石色素离子多样,色彩斑斓,大多数呈红、黄、黑、紫、褐、乳白、微黄,少数为绿色和蓝色。

雨花石的种类

雨花石深受藏石家的青睐,大致可以分为四大类:画意石、文字石与抽象奇巧石、化石、玛瑙石。

名称:塞外风情
石种:雨花石
尺寸:6.3cm×2.6cm×5.0cm

大自然的馈赠——奇石的品种

名称：茉莉花香
石种：雨花石
尺寸：6.2cm×3cm×4.7cm

1. 画意石

画意石具景、具象、具物，或者单颗景、象、物俱全，可以细分为画面石和寓意石。画面石主题突出，让人过目不忘，具有清晰流畅的纹路，简洁明了的构图，冷暖呼应的色调，层次分明的色彩，其风格既有中国画的韵味，又有西洋油画的特点；寓意石似景非景，似物非物，神韵十足，具有神工天巧的构图，丰富多变的色彩，含蓄朦胧的主题。

2. 文字石与抽象奇巧石

文字石和抽象奇巧石以石型秀巧，纹理奇特，色彩艳丽著称。这类奇石的赏石者通常具有丰富的中外美学理念，追求奔放浪漫又奇特的艺术风格。

3. 化石

在雨花石中有许多海洋古生物化石，化石类雨花石的石面上保留着具有一定观赏价值的动植物或珊瑚化石，有色彩、形象者都属于精品。收藏这类具有很高的科研价值和观赏价值雨花石的人，多爱好地质学和海洋古生物学。

4. 玛瑙石

玛瑙石是雨花石中的珍品，颜色艳丽，纹饰奇特，磨圆度高，晶莹可爱，因为在水中更显剔透，又称"水石""细石"，与水晶是姐妹石。玛瑙化学成分是二氧化硅，硬度为7度左右，主要矿物成分为玉髓。

■ 黄河石

黄河石主要产于黄河上游，以甘肃兰州地区河域较多，古人称之为"兰州石"。黄河石大多数为砂岩、粉砂岩类沉积岩等岩石。黄河石是典型的水冲石，具有气势宏大、姿态各异的特点，纹理对比鲜明，千变万化，色彩艳丽，光泽丰润。黄河石开采历史十分悠久，一般分为山水景观石、形象石、纹理石、色彩石、生物化石等。中华民族的母亲河赐予了黄河石夺目的光彩和古朴的色调。

名称：小山羊
石种：黄河石
尺寸：12cm×6cm×16cm

大自然的馈赠——奇石的品种

名称：祥云布雨
石种：黄河石
尺寸：34cm×10cm×27cm

黄河石的成因

黄河发源于青海，经四川、甘肃、宁夏、内蒙古、陕西、山西、河南、山东进入渤海，穿山越峡，翻山越岭，沿途很多形成于成岩时期的原石坠入河道。在黄河河道里，石块不停地被水流和泥沙冲击、打磨，形成蛋圆、扁圆和不规则圆形的黄河石，其表面的光滑程度是人工打磨难以达到的。黄河石色彩艳丽、纹理奇特、形态动人。

黄河石的特点

黄河石种类繁多、颜色丰富、形态各异、石质细腻，摩氏硬度为4—7度，有硅质玛瑙，半透明玉质，独树一帜，令人爱不释手。黄河奇石是天然形成的具有观赏、玩味、陈列和收藏价值的黄河卵石。

黄河石具有自己的特色，也具有其他产地奇石的特点，主要有以下表现：

（1）奇特性。黄河奇石在质地、纹理、图案、色彩、形态、内部特征等方面都表现出生动形象、妙趣横生等特点。

名称：金猴祝寿
石种：黄河石
尺寸：33cm×15cm×20cm

（2）艺术性。黄河奇石富有美感，赋予人无限的遐想，令人回味无穷。

（3）天然性。黄河石是大自然的产物，浑然天成且保持自然原始的状态，收藏者家中的黄河石都是从母亲河流经的两岸采集的。

（4）科学性。黄河奇石包含丰富的历史信息，具有重要的科研价值。

（5）稀有性。俗话说"物以稀为贵"，每一块黄河奇石都是独一无二，罕贵难求的。

（6）区域性。兰州黄河奇石承载了黄河兰州段的浓烈地方特色和地区风格。

（7）商品性。黄河奇石具有一般商品的特性，可以直接或间接产生经济价值。

第二章 大自然的馈赠——奇石的品种

黄河石的种类

因为每个河段的山石岩质、矿物成分和自然条件不同，所以在黄河不同河段出产的黄河石的品质存在着明显差异。按照河段分，黄河石可以分为青海黄河石、兰州黄河石、宁夏黄河石、河曲黄河石以及洛阳黄河石等。

1. 青海黄河石

青海黄河石主要产于青海境内的黄河上游主河道，属火成岩，体积较大，少纹理，石表光滑，水洗度好，质地坚硬，石肌细润，造型奇特，多见黑色、青色和灰色。河源石大多分为鼓丁石和乌金石两种。鼓丁石又名星辰石，因为石表有形若星辰的凸出的青灰或灰色圆形疙瘩而得名；乌金石石表起伏多变，孔洞、槽沟遍布。

名称：绿色森林
石种：青海黄河石
尺寸：不详

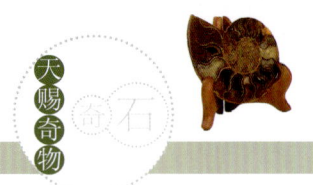

名称：夜话聊斋
石种：兰州黄河石
尺寸：不详

2. 兰州黄河石

兰州黄河石主要产于黄河上游刘家峡水库至宁夏青铜峡水库的河道，尤其以兰州地槽一段所产最多，故称兰州石。兰州黄河石历史悠久，岩质以火成岩、沉积岩、变质岩为主，石质坚硬细腻，外形浑圆，体积较大，有石英质、玛瑙质等多种质地。兰州黄河石包括造型石、图画石、纹理石、碧玉石等，其中最具收藏价值的是图画石和纹理石，这两类奇石意境雄浑高远，色调古朴雅致，以暗红色居多。

3. 宁夏黄河石

宁夏地区出产的黄河奇石的总称是宁夏黄河石，主要产于宁夏银川市及中卫县一带的黄河水系中。由于黄河在宁夏地区的流经地多为平原地带，水流较缓，所以形成了众多乱石滩，奇石资源十分丰富。宁夏黄河石多为石英砂岩、石英粉砂岩、花岗岩、砂岩等，这些岩石经流水长期冲刷、剥蚀、洗磨形成奇石。宁夏黄河石中最具代表性的是图纹石，其外形浑圆，花纹美丽，构图奔放，色彩斑斓，意境雄浑，石质坚硬细腻。

4. 河曲黄河石

河曲黄河石主要产于山西省河曲县内黄河中流的娘娘滩和太子滩。河曲县境内地层古老,主要为砂岩岩类,河道蜿蜒,汇入的支流众多,所以大量原石在此河段沉积,长期受黄河水的冲刷、侵蚀、搬运,形成了各式各样的奇石。河曲黄河石有很多种,其中,造型石大多数都是黄河两岸山中的块岩和泥浆石经水冲刷后形成的,造型层峦叠嶂;图纹石纹理繁复,画面清晰自然,色彩绚丽,观赏价值很高;化石多为贝类、鱼类和硅化木;卵石造型圆滑,石表光洁,石质坚硬,比较适合把玩。

名称:佛法无边
石种:黄河石
尺寸:22cm×8cm×24cm

5. 洛阳黄河石

洛阳黄河石属于河卵石，是由流水长期冲刷、打磨形成的。产于黄河三门峡至孟津河道弯处、河床低凹处的洛阳黄河石又被称为洛水石、河洛石。洛阳黄河石的主要特点是温润典雅、图纹造型种类多，色泽艳丽。摩氏硬度为 4—7 度不等，石质光滑细腻，形状浑圆，姿态万千，纹理变化无穷，色泽典雅。

■ 长江石

长江石是中国观赏石的重要组成部分之一，是产于长江干流的奇石总称。长江发源于青藏高原的唐古拉山脉，流经横断山区，河流落差大，水流湍急，复杂的地质结构为长江石的诞生提供了优质的环境条件。

名称：落英缤纷
石种：长江牡丹石
尺寸：不详

大自然的馈赠——奇石的品种

名称：红梅盛开
石种：长江红
尺寸：26cm×18cm×34cm

名称：寿中囍
石种：长江红
尺寸：40cm×20cm×42cm

长江石的成因

　　长江石石质的丰富性和多样性与长江上游复杂的地质地貌是分不开的，长江石资源丰富，多汇聚于四川境内的长江两岸。长江石主要为沉积岩、火成岩、变质岩，上游高山的山石经过自然风化、河水搬运、水砂打磨，形成了色彩丰富、花纹奇特、质地细腻、品种繁多、妙趣横生的长江卵石奇石。

长江石的特点

　　长江石产自长江流域，四川泸州河段集中了较多精品。长江石线面变化起伏，轮廓线条婉转舒展，石表光滑圆润，浑朴坚硬。据统计，长江石主要有20多个石种大类，常见的有长江画面石、长江意象石、长江色彩石等。长江画面石个性突出，表现形式丰富，少有雷同；长江意象石线面变化舒展，形状简约流畅，形体圆润饱满而秀雅端庄；长江色彩石清新自然，具有多种颜色。

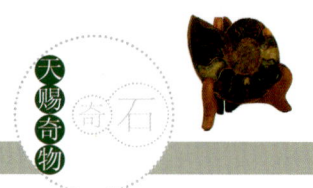

奇石收藏与鉴赏

名称：海上日出
石种：长江石
尺寸：37cm×17cm×44cm

长江石的种类

从金沙江上游到湖北荆州近千米的河道内，都有长江奇石分布。根据河段的不同可以分为青海长江石、云南金沙江石、泸州石、四川金沙江石、江安石、三峡石等。

1. 青海长江石

青海地区长江河段所产的奇石的总称为青海长江石，主要出产地域包括通天河、楚玛尔河、沱沱河、当曲等。青海处于崇山峻岭之中，是长江的发源地，所产的奇石以花岗岩类及其他卵石类画面石为主，画面内容多为人物、动物、文字。因为青海长江石采集环境险峻，产量不多，所以具有较高的收藏价值。

2. 云南金沙石

云南金沙石主要产于云南省昭通市一带的金沙江沿江漫滩中，又被称为金沙江石。云南金沙江石为江河卵石，石质坚硬细腻，大多数卵石摩氏硬度可达5—7度，有的甚至高达8度；石肤较光滑，触感很好；石色清新亮丽，线条流畅，底色干净，对比强烈；石体无污染，水洗度好，外观形状佳，具有极高的观赏价值。

3. 泸州石

泸州石产于四川省泸州市境内的长江江畔,又被称为泸州文石,是长江石中比较著名的石种。泸州石多由雨花状玛瑙、硅质岩、石英岩组成,有雨花石、造型石、象形石、纹理石等种类,其中以雨花石最为著名。泸州石石质坚硬,形状圆滑,晶莹耀眼,色彩缤纷,在水中色泽更显光鲜,千变万化的花纹呈现锦绣般的图案,具有极高的观赏价值。

4. 四川金沙江石

产于四川境内金沙江的奇石泛称为四川金沙江石,主要产于四川省宜宾市、宁南县、会东县等地的金沙江河床。四川金沙江石分为硅质玛瑙、半透明玉质、沉积岩、变质岩等,石质坚硬细腻,摩氏硬度大多为5—7度,纹理清晰,色彩艳丽,对比鲜明;石上以天然色纹构成奇峰异谷等多姿多彩的图案;石表光滑平整,石形大气。四川金沙江石特色鲜明,构成图案的纹理颜色可达5—7种以上,对比强烈,色彩搭配和谐。石色与纹理相映生辉,非常具有收藏价值。

名称: 无题

石种:金沙江彩石

尺寸:15cm×8cm×37cm

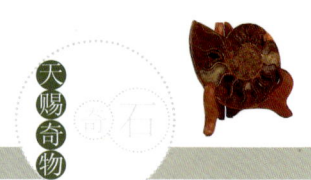

名称：济公醉酒
石种：乌江石
尺寸：15cm×8cm×37cm

5. 江安石

江安石产于四川省宜宾市境内江安河段的大小河滩上，是长江石的一种。江安石摩氏硬度一般为 6—7 度，以变质岩、石英和砂岩为主，也有火成岩和沉积岩。江安石的主要特点是姿态各异、线条流畅、色调丰富、纹理多变、构图逼真。江安石中的造型石千姿百态，图纹石意境精妙，色彩石绚丽多彩。

6. 三峡石

三峡石因产于长江三峡河段而得名，是长江石中最有名的一种。三峡石主要分布在湖北宜昌至枝江一带沿江两岸的溪流河谷或崇山峻岭中，原石来自长江上游。三峡石的特点是体态玲珑、造型奇巧、纹理细致、色彩绚丽、品种繁多。三峡石分为浑浊类、形象类、纹样类、花色类、透明类等，内含图画石、清江石、洞穴石、结核石等两百多个小类。图画石在所有三峡石石种中最具有代表性，深得赏石爱好者的喜爱。

第二章 大自然的馈赠——奇石的品种

乌江石

乌江石指的是产于乌江水系的观赏石的总称。乌江,发源于贵州西部高原海拔两千多米的乌蒙山脉东麓,在重庆涪陵注入长江。乌江全长1037千米,水流湍急,河谷深峻,是成就奇石的绝佳地域,也是中国著名的江河奇石产地之一。

乌江石的成因

乌江石系寒武纪石灰岩,原石主要有泥炭、石灰岩、硅质岩及铅锌矿晶体、白色重晶石、磷矿等,这些岩石或矿石经过乌江水千万年不断地冲刷、打磨,通体乌黑发亮、光滑细润,形成了以坚硬细腻的石皮和千奇百怪的造型闻名的美石。

乌江石的特点

乌江石达到了中国传统赏石观中的基本标准,在形、纹、色、质等方面表现俱佳。乌江石具有很高的观赏、收藏和经济价值,石质坚硬,摩氏硬度为5—7度,水洗度普遍较好,色泽艳丽古朴,色纹顺畅,石表细腻。

乌江石大多数是图纹石,颜色以黑白为主,红、黄、绿等色比较少见,以画面多姿者为上品。乌江画面石尤其珍贵,这种奇石构图完美、生动形象、内容丰富,大部分都是很有立体感的浮雕画面。

名称:乘风破浪
石种:乌江石
尺寸:44cm×12cm×35cm

名称：出人头地
石种：乌江石
尺寸：36cm×14cm×23cm

乌江石的种类

根据出产河段不同，乌江石可以分为贵州乌江石和重庆乌江石。

1. 贵州乌江石

产于贵州省德江县长堡的乌江河段的奇石为贵州乌江石。贵州乌江石的特点是质地坚硬、石表光润、色泽典雅、水洗度好、采集难度大。德江县处于乌江下游，境内沟谷纵横，多激流险滩，沿江滩头分布了大量的乌江石。

名称：荷塘月色
石种：乌江石
尺寸：31cm×8cm×29cm

2. 重庆乌江石

产于重庆市武隆县境内的乌江河段的奇石叫重庆乌江石。重庆乌江石大多数都是图纹石，颜色以黑白为主，少见红、黄、绿等色，图案有人物、花鸟虫鱼，惟妙惟肖。武隆县处于乌江下游，地质构造为寒武纪石灰岩，境内有 80 多千米乌江河段，从江口到羊角的河段有 6 个较大的河漫滩，是乌江石的重要储藏地。

■ 彩陶石

彩陶石产于广西柳州合山市马鞍村红水河十五滩，因此也被称为红河石、马安石。彩陶石是近年来发现的名贵观赏石种之一，属于沉积岩，以硅质砂岩和硅质凝灰岩为主。石表色彩柔和，如同古代制作精良的陶器，是一类以色泽取胜的珍贵奇石。

名称：壁立千仞
石种：彩陶石
尺寸：41cm×17cm×62cm

彩陶石的成因

彩陶石是水冲石的典型代表,产于红水河的下游。产地地形狭窄,红水河流经此地的时候,受到了长达几千米的暗礁阻挡,长年累月下,暗礁右侧冲出了一条很深的河道,左侧则形成了一条 300 多米长的回水湾。

彩陶石在此被红水河湍急的流水带着砂石冲刷磨砺而成,石头的表皮被冲刷得十分光滑。由于地壳的变化,河滩上青色的岩层被挤压出条条裂纹,表皮就像染上了一层柔和的色彩。

彩陶石的特点

彩陶石有大有小,体量大的长可达一米,数吨重,小的如拳头大小,平静沉稳,雄奇伟岸,有阳刚之气。彩陶石质地坚硬,摩氏硬度约为 5.5 度,石形以四方形、多边形几何体居多,水洗度很好。

经过水流的冲刷浸染,彩陶石石面十分光滑,各种矿物组成形成鲜亮的颜色,有青绿、黄绿、红、黄、褐、墨等,以绿色为上乘。石上天然过渡色极佳,色泽条纹层次分明。经过水流的长期冲刷、淘洗、抛光,彩陶石形成了形、色、质、纹的优美和雅致、沉静的色调。

名称: 盛世宝鼎
石种:彩陶石
尺寸:43cm×17cm×27cm

名称：鼎盛千秋
石种：绿彩陶石
尺寸：38cm×20cm×36cm

彩陶石的种类

彩陶石是一种泛称，按石质可以细分为彩釉石和彩陶石两种。彩釉石的石肌似瓷器釉面，彩陶石的石肌似无釉陶面。彩釉石产出极少，石表有蜡状光泽，石肤润泽，形状多为块状，色调沉静优雅，极具视觉美感。彩陶石还可以分为绿玉石、黑釉石、黄釉石等种类。彩陶石质地细滑，润泽感佳，质朴典雅，耐酸耐腐蚀，很难加工。其独特的色质对传统"瘦、透、漏、皱"类供石产生了极大的冲击，堪称新派供石的首选代表。

按色泽，彩陶石还可以分为纯色石和鸳鸯石。纯色石是色泽比较单一的彩陶石，大多数为翠绿色、墨黑色、橙红色等，石上天然过渡色极佳，色泽条纹层次分明；鸳鸯石是由两种色调构成的美石，三种以上色调构成的为多色鸳鸯石，以下部墨黑上部翠绿色的鸳鸯石为上品。

名称：石胆神龟
石种：彩陶石
尺寸：80cm×32cm×25cm

■ 大化石

　　大化石是大化彩玉石的简称，学名为岩滩彩玉石，产于广西大化县红水河岩滩及该河段的水底，是近几年发现的新石种。大化石是水冲石类，属于硅质火成岩，摩氏硬度为5度以上，磨圆度好，色彩绚丽，色调明亮温馨；石表如釉润腻，有油脂光泽，玉质感强；纹理清晰，极富神韵。

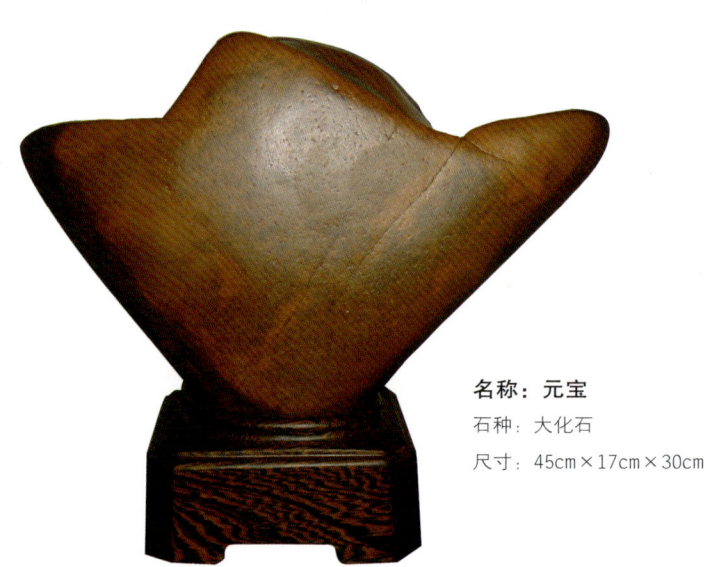

名称：元宝
石种：大化石
尺寸：45cm×17cm×30cm

大化石的成因

大化石原岩是2.6亿年前上古生代二叠系地层的石英岩和硅质岩，质地致密坚韧，硅化程度高，玉质感强，石肤温润如脂，光洁莹润，刚柔相济。在漫长的地质年代中，由于受到自然外力的风化、搬运、冲刷以及化学作用，大化石原岩发生质变而形成了大化石。

大化石的特点

大化石兼具了中国各类观赏石的优点，比如寿山石的细腻光洁，玛瑙石的坚硬润滑，灵璧石的花纹变化多样，内涵丰富，还有其他观赏石比较少有的浮雕式的图案及奇特的外形。石质坚硬、形状奇特、色彩绚丽是大化石的三个典型特点。

名称：福寿绵长
石种：大化石
尺寸：19cm×9cm×35cm

名称：步步高升
石种：大化石
尺寸：48cm×26cm×27cm

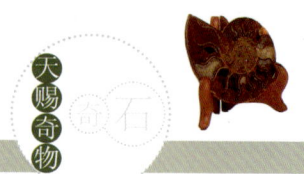

名称：一跃成名
石种：大化石
尺寸：41cm×12cm×24cm

（1）石质坚硬。大化石的形成过程致使其硬度极高，分子结构紧密，表面很难出现裂痕，因此很少见图纹石类。玉化程度高的大化石如水晶般透明、光芒耀眼，表面十分光洁、细腻、圆润，手感极佳，是观赏石中的极品。

（2）形状奇特。大化石岩石的结构致密度和硬度差异很大，长期在夹带泥沙的河水冲刷、打磨下，结构致密度和硬度的差异显现出来，结构疏松和硬度低的部分被冲刷掉，形成了形状怪异、姿态万千的各种奇石。而且大化石所在的河段河床坡度大，水急浪高，加剧了冲刷的力度，所以这一河段出产的大化石比较独特。

（3）色彩绚丽。大化石的另外一个特点是色彩绚丽。大化石原石受到铁、锰等多种矿物元素的浸染，会呈现金黄色、褐黄色、橘黄色、棕红色、橘红色、黄绿色、翠绿色、陶白色、古铜色等色彩，其中多以金黄色为主色调。色彩缤纷灿烂，艳丽古朴，色韵自然，十分具有画面感。

大自然的馈赠——奇石的品种

菊花石

菊花石生成于两亿多年前,属于纹理石,是地质中的一种天然"花卉",主要是由天青石或方解石矿物组成的花瓣,由近似圆形的燧石构成了花瓣中心,形似怒放的菊花,所以叫"菊花石",又名镇业石、富贵石。菊花石是一种极常见的观赏石,深受人们的喜爱。

菊花石的成因

菊花石俗称石菊花,产于二叠系栖霞期地层,生成于距今 2.75 亿—2.7 亿年前,当时那些区域以海洋形态存在,随着时间变迁,地表低洼处的地方积存的海水不断蒸发,地质剧烈变动,部分海底淤泥和海洋生物进入地壳深处。当海水中的硫酸锶盐的浓度增加到一定程度的时候便形成了晶体,逐渐依附在燧石核心周围,同时随水中的泥质沉积下来,散布在泥灰岩层中,经过数亿年高温和高压凝聚而成,是一种天然的古生物化石。

菊花石

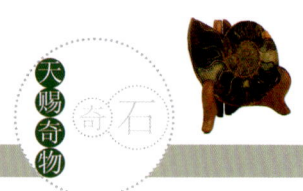

菊花石的产地

迄今为止，在世界上其他国家尚未发现有关菊花石的报道，我国是世界上绝无仅有出产菊花石的国家。菊花石产于我国长江流域的某些地区，分布极少。

我们发现的三处菊花石产区，都处于二叠纪地层中。从乾隆年间浏阳菊花石的发现到新中国成立后的两百多年时间里，菊花石的唯一产地是浏阳。上世纪70年代，地质学家发现菊花石与海泡石共生之后，先后在陕西宁强、湖南石门等地找到了菊花石的矿点。上世纪90年代，又先后发现了湖北宣恩长潭乡矿区、恩施红土、建始磺厂及江西上高等一些菊花石矿点。

菊花石不仅具有观赏收藏价值，而且对于寻找工作以及古环境研究具有重要启示。

称：拂尘化蝶
种：菊花石
寸：25cm×8cm×37cm

大自然的馈赠——奇石的品种

名称：晓露苞香
石种：菊花石
尺寸：12cm×8cm×11cm

菊花石的特点

花形多样、生动逼真，适于雕琢是菊花石的两大特点。

（1）花纹奇趣天成。大多数花瓣都有层状，有单层、多层之分，立体感很强。其花朵大小不一，花形各异，有凤尾状、蝴蝶状、绣球状等。花瓣也各不相同，有的花瓣长短一致，围绕花蕊均匀散射，好像怒放的菊花；有的花瓣长短不一，组成规则的椭圆形花朵；有的花瓣宽度有异，呈立体散射状，外观上不见花蕊；有的花瓣以陡倾角围绕花蕊向同一方向放射，形似含苞待放的花蕾。菊花石的花蕊与围岩间呈参差状排布，间有泥质层纹或微细层理。

（2）适合雕琢。原石开采出来之后无亮色，需要进行加工，确立其欣赏价值。石雕工艺家们善于利用菊花石天然的形、纹和色，运用浮雕、透雕、圆雕和多层次镂空雕的手法，雕刻出各种逼真生动的形态。菊花石雕有一道道工序，如开粗、打平、配座等，以雕刻出各种各样的器具，如砚台、笔筒、盆景等。

菊花石的种类

菊花石种类繁多，目前比较常见的是浏阳菊花石。

1. 浏阳菊花石

湖南浏阳是我国最早发现菊花石的地方。湖南浏阳的菊花石品质最佳，菊花周围基质岩石为硅质砾石石灰岩或石灰岩，在石灰岩中偶尔伴着腕足类生物化石及珊瑚化石，给菊花石增添了无限生命活力。在300多年前，就已经在湖南浏阳发现了这种珍稀的工艺原料，直至现在仍然在开发利用。

2. 永丰菊花石

20世纪90年代，管小培先生在江西永丰县藤八河一带发现了菊花石，并且将之命名为"菊花水石"。

3. 宣恩菊花石

宣恩菊花石是长江流域有名的工艺品石材。宣恩县位于长江三峡南岸，所以宣恩菊花石也叫三峡菊花石。它产于中国湖北省西部两亿多年前的二叠纪地

浏阳菊花石

菊花石随形笔筒

层中。宣恩菊花石洁白美丽的菊花花瓣是由天然的天青石和方解石组成的,以花蕊为中心向四周错落有序恰到好处地伸展,分布在质地细腻的黑色基底之上,花形各异,华美奇特,堪称世界一绝。

4. 陕西菊花石

陕西地质工作者于 1977 年在陕西南部首次发现了与浏阳相同类型的菊花石原料,自此陕西成为了我国第三个菊花石原料基地。

5. 黄石菊花石

产于湖北黄石的菊花石最大的特色是:每一块无论大小,菊花多少,颜色或白或彩,都是人们从黄荆山脉一处东西走向千余米、宽度仅数米的残崖夹缝泥土中挖出来的。由于地质的侵蚀作用,花蕊和花瓣呈凹凸状,有的平面差距可达 1—2 厘米,边界清晰分明,富有层次和立体感,毫无造作之意,极具天然之美。

菊花石的鉴别

由于菊花石产地很少,所以价格一路攀升。可是目前真正天然完整的菊花石几乎已经绝迹,所以极品菊花石价格很高,因此市场上出现了一些作伪手段。现存在人工雕琢石花花瓣冒充天然菊花石的现象,还有一些菊花石本身具有缺陷,以黑色颜料或黑色漆掩盖其缺陷的手段。在收藏购买的时候,需要仔细辨别。

1. 改变花形或花色

由于菊花石有多种花形和颜色,所以有些人利用人们崇尚自然的心理,以物理或者化学方法改变菊花石的花色或者花形,这种改造过的菊花石具有易损易碎的特点。

2. 加固石材

在天然环境中裸露的菊花石大多数风化严重,残破不堪,收藏和观赏价值都大打折扣。于是,有些人便将材质疏松处进行加固,用来冒充上等石料。可是一般只是加固表面,所以难以经受碰撞,反光也很不自然。

经人工加工过的菊花石

3. 涂抹颜料

为了掩盖受损或色泽暗淡的菊花石，用漆或其他黑色、褐色颜料对石头加以涂抹。收藏者只要仔细辨认，便会发现涂抹处的色泽与自然色差距很大。

4. 加花

在未生长菊花的石材上，直接雕刻花瓣状石槽，将花蕊位置雕刻成向内凹陷的圆形或椭圆形，然后用白色大理石粉末加胶质注入进去。天然的菊花石花瓣上有小裂纹，较为自然，而人工制作的花瓣没有裂纹。

5. 加花蕊

菊花石的灵魂是花蕊，一花一蕊比较常见，无蕊或多个花蕊的比较罕见。有人用人工手段把菊花石雕刻成无蕊或者多蕊，处理过花蕊的菊花石材质会产生变化，花瓣显得突兀，形状很不自然，颜色也有显著的差异。

6. 冒充菊花石

很多不法分子利用人们追捧菊花石而又不懂菊花石的心理,用其他的石花冒充,甚至石花都是人工雕刻而成的,只是工艺品,没有任何收藏价值。真正的菊花石的中心一般应有一个和花瓣基本同色的基质石,上等的菊花石基材紧密、坚硬,菊花完整无缺,花蕊清晰动人,色泽自然。

■ 崂山绿石

崂山绿石,又名崂山绿玉,俗称海底玉,古称劳山石,产于山东青岛市郊区崂山东麓的仰口湾畔,海滨潮间带出了较多精品。崂山绿石开采、利用的历史十分悠久。

崂山绿石

崂山绿石的成因

崂山绿石在矿物学中叫蛇纹玉或鲍纹玉,是海底岩浆喷出地表后在特定环境下沉积生成的产物,主要矿物组成是绿泥石、铁、镁、硅酸盐及叶蜡石、蛇纹石、绢云母、角闪石、石棉等。崂山石按矿脉走向可分为水石和旱石,水石是受了亿万年海水冲击浸透形成的;旱石则是经过风蚀日剥形成的。

崂山绿石的特点

崂山绿石具有玉石的性质,晶莹润泽,色泽静穆古雅、深沉静谧,硬度适中,色彩多变,质地多变,结晶形体多变。崂山绿石结晶很奇妙,大部分都是层状结晶,有的是丝状结晶、放射状结晶或云母结晶。这些结晶厚薄悬殊,排列均匀,有清新图案或立体山水景观的丝状和放射状结晶的崂山绿石最具收藏价值。

崂山绿石色彩绚丽,以绿色为基调,有墨绿、翠绿、灰绿,有些间有紫色、赭色、黄色、白色、灰色等,深浅变换不同。其中,以翠绿色的为上品。采集后的崂山绿石多数都需要人为加工,才能用于观赏,一般陈设于厅堂、几案,也可以制作盆景。

名称:佛
石种:崂山绿石
尺寸:43cm×28cm×37cm

第三章 大自然的馈赠——奇石的品种

名称：夜色如黛
石种：崂山绿石
尺寸：35cm×70cm×80cm

崂山绿石的种类

崂山绿石的种类很多，按照不同的方法可以分为不同的类型：

按照矿脉走向，崂山绿石可以分为旱石和水石。旱石产于陆地，外形古朴粗犷，经风雨剥蚀，表面呈现潮水般的纹理，不需要雕琢便极具美感；水石产于大陆架矿脉或浅海，石质光莹温润，经过海水上亿年的冲刷侵蚀，需要雕琢、加工之后才能显现它的美丽。

按照产出形态，崂山绿石可以分为造型石和图纹石。造型石又被称为镶嵌石，以展示立体的山川景观或各种抽象形态为主。其特征是翠绿色结晶体呈束状，并弯曲纠结在许多小块绿石之间，被挤压成以方块或斜块为主的块状结构。造型石色彩丰富多变，石质坚硬细密，加工后更圆润；图纹石以翠面自然、纹理清晰、图案精美的为上品，尤其以六个面均有自然包壳、无断裂的为佳品。

■ 国画石

国画石又叫草花石、古生石画,形成的年代十分久远,画面图像变化丰富,因具有中国画笔墨之韵味而得名"国画石",国画石产于广西柳州市来宾县黔江下游的石山之腰及武宣县黄茆镇一带。

国画石的成因

国画石的原岩主要为硅质灰岩和钙质硅质岩,这两种硅质岩在水下两米左右,呈现深灰色和暗蓝灰色;风化后呈现灰白色和黄灰色,其中硬度较低的是黄色部分,硬度较高的是灰色带玉质部分。

水的渗透和矿物质致色形成了国画石绚丽的图纹。水及水中溶蚀的矿物颗粒,沿着石头的裂隙节理渗透,通过毛细管作用形成不同的色带。石头的节理越密集,形成的纹理就越集中。在岩石风化后,这些图纹就显露了出来,风化的时间越长,矿物元素致色程度就越高,国画石的表面就越丰富。

名称:春晓

石种:国画石

尺寸:13cm×7cm×14.5cm

国画石的特点

国画石的摩氏硬度是5.5度，呈现多种颜色，色彩润泽，图案由表及里渗透融合。国画石大多会出现层位现象，即不同的层构成图案。表层是紫红色、暗红色硅质灰岩，风化后呈灰色、浅紫灰色、米黄灰色、黄灰色；深层的岩石则是灰色、深灰色钙质硅质岩和硅质灰岩，风化后呈现的是灰色、灰白色、米黄灰色、黄灰色等。

国画石的图案象形状物的不多，更多表现的是自然景观，内容涵盖了古树青藤、奇花异草等花草类；溪流瀑布、峰峦叠嶂、高山湖泊等山水类和鸟兽虫鱼、人物等象形类。国画石的画面纹理不仅仅局限于中国国画，有的还具有版画、油画风格，只是人们已经习惯称之为国画石。这些绮丽多姿的图纹远近有致、浓淡有别、色彩和谐、虚实有度、层次分明、画意盎然，极富层次感，是难得的自然珍品。不过刚采出来的国画石无法达到上面所说的效果，还需要人工的切割、打磨。

名称：雅韵
石种：草花石
尺寸：不详

名称：黄昏
石种：国画石
尺寸：18cm×6cm×25cm

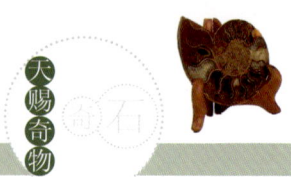

■ 临朐彩石

临朐彩石是一种名贵的观赏石，又名齐彩石、五彩石、五彩翡翠。该石主要产于山东临朐县石家河乡崔册村、焦家庄村一带，即沂山北麓、弥河西岸青石山与沙山交界处，因具有黄、绿、红、黑、白等斑斓色彩而得名。

临朐彩石的成因

临朐彩石是在两亿多年前形成的，地质上属于接触交代变质岩，系纹理类观赏石。临朐产区断崖险壁，高山纵横，地势十分险峻，地质结构复杂，临朐石夹杂在山体的石隙中，开采十分困难。

名称：倒影
石种：临朐彩石
尺寸：13cm×9cm×28cm

第二章 大自然的馈赠——奇石的品种

名称：神韵

石种：临朐彩石

尺寸：22cm×8cm×18cm

临朐彩石的特点

临朐彩石摩氏硬度约为5度，质地细腻，既有玉石的特点，又有方解石的颗粒。临朐彩石有各种各样的颜色，有红、黄、绿、黑、白等，纹理清晰，变幻多样。临朐彩石手感润滑、图案美丽、色彩丰富，传说是女娲补天所用的石头，非常具有神秘色彩。

五彩临朐属于玉化岩石，经过巧妙构思和精细加工之后，呈现出各种美丽的图像，珠圆玉润、千姿百态、形神兼备、意蕴丰富，一块块争奇斗艳，色彩丰富且对比度强。有的似古今人物、几何文字；有的似行云流水、山川风光；有的似田园村舍、动物花草，各种图案生动形象，惟妙惟肖。临朐彩石为创作石艺作品的艺术家提供了无限的想象空间，打造出来的艺术品令人观之心怡、韵味无穷。

临朐彩石的种类

由于形成临朐彩石的地质结构有所差异，其支脉石多达十几个品种。根据其画面特点和画面颜色的不同，可以将临朐彩石分为老五彩石、梅花石、倒影石、山水石、水纹石、浪花石、披绿石、竹子石、古树石、古画石、云雾石、藻化石、人物鸟兽石、黑白玉石等品种，每种都有不同的特色。

名称：落英缤纷
石种：梅花石
尺寸：17cm×8cm×21cm

1. 老五彩石

老五彩石以黑青色为基调，石质坚而细腻，扣之有声。墨黑的石头中夹一层或几层碧翠色或白色的色带，有的甚至会出现绿、棕、赤等多种颜色，对比度强，色泽鲜明，但是很少优者，能成图案的更少。

2. 梅花石

梅花石上的图案如同绽放的梅花，色泽纹理大多数是黄白红相间。如果制作得当，还能够显现出"雪中梅""梅开五福""红梅争春"等图案。

3. 倒影石

倒影石一般呈现的是黑白相间，纹理色彩像江河湖海，或水中倒影的画面。其树木花草在水中的倒影清晰可见，如果带着红绿镶边的图案则更优。"春江花月夜""荷塘月色""碧水映朝霞"等景观比较常见。质地优良的倒影石，绚丽多姿，整个画面宁静怡人、含蓄秀美，极具投资收藏价值。

4. 山水石

山水石颜色是淡黄绿与黑白相间，石头上多呈写意山水图案，有谷间白云、耸峰溪流，或碧水秀石、葱茏树木等，奇异多彩。

5. 水纹石

水纹石纹理简单,多数呈现波涛汹涌、惊涛拍岸的江、河、湖、海图案,画面极其壮观,如果石上有海上日出或江岸亭台楼阁则更加珍贵。

6. 浪花石

浪花石石色褐黄,间有白花纹,主要分布在临朐石家河乡枣行村西一带,石上多呈现波浪图案,有的如同江河激流澎湃,有的如同山泉溪流淙淙,或激扬或沉静,气势非凡。

7. 古画石

古画石上纹理色泽很像仿古山水画,古风古韵,偶尔有松柏图案,石铜色的老桩和墨绿色的树冠,苍劲雄伟。

另外还有竹子石、杠子石、披绿石等,润泽光滑,质地坚硬细腻,图案丰富,色彩缤纷,画面浑然天成,极具观赏价值。

名称: 大地风云
石种:山水彩石
尺寸:49cm×12cm×25cm

龟纹石

龟纹石多呈浑圆状，表面有深浅不一的龟裂纹理，因酷似乌龟背纹而得名。国内最好的龟纹石产于青海省兴海县境内，其硬度一般可以达7，十分坚硬。龟纹石历史悠久，在明清时代就有文人采集、观赏了。

龟纹石的成因

龟纹石属石灰岩的一种。石灰岩的表层裸岩在自然界的太阳、雷雨及昼夜之间温度剧变的长期作用下，极易发生热胀冷缩的现象，而石内与石外胀缩程度又相差很大，久之受风化形成了交叉裂纹。石面裂纹又因长年累月遭雨水的淋溶浸蚀而进一步加深，最终形成了龟纹石。

龟纹石的特点

龟纹石图纹酷似龟纹，是多角状复体，内部结构呈蜘蛛网状。龟纹石有横层结构和竖层架构两种，横层结构的龟纹石逶迤连绵、沟壑纵横。竖层结构的龟纹石挺拔陡峭，多数呈群山险崖、奇峰伟岩、擎天石柱等造型。

龟纹石适合营造岩壑意境，配座之后制成盆景，更能展现出其峻峭拔雄之势。龟纹石价格不等，其中灵璧龟纹石价值最高。

名称：无题

石种：龟纹石

尺寸：11cm×7cm×27cm

大自然的馈赠——奇石的品种

名称：宝岛神龟
石种：龟纹石
尺寸：28cm×15cm×25cm

龟纹石的种类

龟纹石的种类有很多，按照不同的产地可以分为以下几种：

1. 重庆龟纹石

重庆龟纹石，产于重庆市涂山、歌乐山，又叫风化石。石灰岩是此石的主要成分，由各种碎石聚合而成，沟纹纵横，色彩相杂。颜色灰白、深灰或褐黄，石质坚硬，石面纹理饱满，龟裂清晰。重庆地区的龟纹石主要用于景观石欣赏，蕴藏量丰富，体量较大。

2. 安徽龟纹石

安徽龟纹石的主要产地在宿州市灵璧县西北80千米的地方，表面乱纹横竖，类似龟壳上的纹理，侧面还有棱角。此石形似莲花花瓣，所以当地人称之为莲花石。主要用来做假山，修驳岸，做盆景等。

3. 山东龟纹石

山东龟纹石的产地主要是山东省费县城北的钟罗山山系。此石属于石灰岩，石质坚硬，表面苍古细润，大多数呈现灰白颜色。该石石体上分布着曲折凹陷的沟纹，纵横交错，酷似龟背纹理。除了在费县城北之外，龟纹石在莒县洛河镇洛山、鸡山东坡等地也有分布。

4. 河南龟纹石

河南龟纹石的产地是偃师市二里头村位于洛、伊二水之间,东西长约2.5千米,距离洛阳市约18千米。这里的龟纹石和人的模样很像。这些考古发现反映了古代洛阳人民的聪明才智,也反映了夏代文化艺术的发展。

5. 湖南龟纹石

湖南龟纹石产自于张家界天子山山顶一带,此石被当地人称为龟岩。石上纹理恰似龟背花纹,斑纹有方形、鱼鳞形、棱形、竹叶形等。只要稍微打磨之后浸入水中,花纹立刻出现,色泽十分鲜明。龟纹石花纹奇特,是雕琢石龟、石研等工艺品的上等原料。

■ 九龙壁石

九龙壁石是中国传统名贵奇石之一,具有十分悠久的历史。九龙壁石的主要出产地是福建省漳州市境内九龙江流域的华安县、漳平市、长泰县和南靖县等地,属于碧玉类,又被称为梅花石、茶烘石、华安玉。在一万年以前的石器时代,九龙壁石已经被人们所用。在清代的时候得到统治者的垂爱,被大量收藏于皇宫中,如今在北京故宫博物院内仍然可以欣赏到华美峻秀的九龙壁石。

名称:洛神
石种:九龙壁石
尺寸:10cm×8cm×29cm

名称：故乡的山
石种：九龙壁石
尺寸：132cm×31cm×62cm

九龙壁石的成因

　　九龙壁石的主要成分有长石、石英、透闪石、透辉石、阳起石等，属于钙硅质角岩，是由沉积岩经火山喷发所产生质变，再在流水长期的侵蚀作用下形成的。九龙江落差很大，河水冲刷力度强，水急滩险，所产出的九龙壁石色彩斑驳、花纹奇特、致密细腻、光彩莹润，类似碧玉，石表有天然的包浆石皮，而且还有皴折肌理，艺术价值和收藏价值都非常之高。

九龙壁石的特点

　　九龙壁石的摩氏硬度为7—7.5度，硬度非常高，精致如玉，除了锯截切底外，一般都是天然形态。九龙壁石属于水冲石，所以外形光润，富有古典韵味和历史沧桑感。其密度、硬度高，吸水率几乎是零，所以石体遇水之后不变色、不容易附着污物，石表也不容易出现划痕。九龙壁石似石非石，色彩斑斓，是石中一绝。

　　九龙壁石由多种矿物组成，呈现出淡黄色、紫红色、翠绿色、墨绿色及黑色条带状弯曲结构纹理。九龙壁石以古铜色和墨绿色最具观赏性，其色彩之美令人无限陶醉。据研究发现，九龙壁石中还含有锌、铁、铜、镁、锰、铬、钴等多种对人体有益的微量元素。如果经常把玩九龙壁石，人体皮肤可以吸收其中所含的微量元素，产生特殊的"光电效应"，祛除人体微恙，养精神，蓄元气，保持人体的健康。

九龙壁石具有因时、因水而变幻色彩的特性。在阳光下，干燥无水的九龙壁石颜色内敛，不刺目，显得沉静；在阴天里，九龙壁石的多彩身影，会随着光线的变化而不断改变；在水帘峡，九龙壁石的色彩会从无到有，从浅到深，不断变化；在流水喷泉中，九龙壁石会幻化出多种多样的色彩。

九龙壁石的鉴赏

一般来说，我们都是从九龙壁石的颜色、质地、水冲度等方面来衡量九龙壁石的，外表颜色以铜黄、碧绿为佳，质地细腻、水冲光滑者为上品。从以上角度来说，我们可以从质美、形美、色美、意美、纹美等几个方面来鉴赏九龙壁石。

（1）质美，美在坚贞雄浑。石质质地细腻，致密坚硬，孔隙率和吸水率小，纹理变化万千，主题突出，松密有致。因热力地质和所含铁质而形成的花纹和色调，使其具备碧玉类玉石的特征。

名称：唐三彩仕女头像
石种：九龙壁石
尺寸：16cm×10cm×25cm

第二章 大自然的馈赠——奇石的品种

名称：放飞梦想
石种：九龙壁石
尺寸：22cm×12cm×29cm

（2）形美，美在造型奇巧。九龙壁石造型千变万化，有象形石、景观石和抽象石等，内容包含了江河、山峦、原野、花卉、树木、动物、人物、文字等。体重者可以达几吨，小巧者可以在手中把玩。

（3）色美，美在五彩缤纷。透辉石、绿帘石、石英、黝帘石及少量的透闪石、石榴子石、方解石、长石、硅灰石等几种矿物构成了九龙壁石，这些矿物含量的变化造就了九龙壁石的色彩缤纷。具备红、橙、黄、绿、蓝、靛、紫七色，九龙壁石有多色组合，也有单色，以古铜、翠绿、墨玉、五彩色为贵。

（4）纹美，美在构图逼真。九龙壁石有四种类型的图案构成：纹理构成、色差构成、纹理和色差共同构成、浮雕构成。九龙壁石中的纹理图案对比强烈，天然成趣，其肌理有的褶皱遍布、古朴沧桑；有的强劲饱满、富有张力，尤其是以山川景观石纹理为最好。九龙壁石常见的纹理有水波纹、平行纹、云纹和皱纹。

（5）意美，美在意韵丰富、蕴涵深刻。九龙壁石展现了自然山水之美，颇具画意，意境深远。

模树石

模树石是一种历史悠久的名贵奇石，因形状类似于层叠的松柏树枝而得名。模树石又名假化石、醒酒石、松林石、树枝石、松石，此石稍遇水露即可显现林木花卉，以此称奇。模树石在中国赏玩的历史源远流长，可以追溯到先秦时代，在唐代就已经成为达官贵人收藏的对象了。

模树石的成因

模树石在4亿年前形成，是由板岩变质而来的，形成的原理大致如下：氧化铁、氧化锰等饱和溶液在一定温度和压力下，沿着板岩的裂隙、节理及层理等空隙处侵蚀、渗透，然后经过长期的沉淀固结之后，就会有类似于树枝的纹路在板岩的表面形成。由于渗入溶液的成分不同、沉积量多寡有别，模树石表面形成的图案姿态万千，色彩丰富多样，观赏性很强。

名称：春树暮云
石种：模树石
尺寸：23cm×12cm×15cm

第三章
大自然的馈赠——奇石的品种

名称：琼林玉树
石种：模树石
尺寸：12cm×5cm×19cm

模树石的产地

模树石比较零散地分布在中国各地，比如河南信阳、河北易县、北京西山、重庆涪陵等地均有产出。

模树石的特点

模树石色泽多变，质地坚硬，不怕风吹日晒，花纹多为柏树、松树等树枝或草丛状，其草叶或树叶清晰可见，生动逼真，固有假化石之称。模树石矿藏资源很有限，能够形成优美画面的更是少之又少，所以保存完整、形态巨大的模树石就会价值连城，是奇石中的绝世珍品。

模树石以花卉、树枝图纹为主体，配以各色岩石颜料，画面古朴，意境深远，典雅清逸。从画面来看，成林的如同苍松挺拔，单株的如同天河仙草；淡雅恬静如同山村乡野，雄伟壮美如同巍巍嵩岳，既有泼墨写意之韵，又有工笔写实之妙；造型美妙绝伦，色彩浓淡有致，体现了大自然造物的神奇。

名称：琪花玉树
石种：模树石
尺寸：12cm×8cm×15cm

■ 泰山石

　　泰山石因为产于泰山山脉周边的溪流、山谷而得名，是具有非常悠久开采和利用历史的著名奇石。泰山石颜色单一，灰白质地上常有星点般的角闪石，体型巨大，常常用于园林、楼前置石。中国古时候就有泰山封禅置石的传统，很多帝王都在泰山封禅祭天，赋予了泰山石神圣、显贵的文化内涵；加上民间认为泰山石能镇宅、辟邪，因此它还非常受人们的珍爱和敬重。泰山石古朴、凝重、苍劲，是中国文化的标志之一，具有很高的收藏价值。

泰山石的成因

神秘而粗犷的泰山石已经有 25 亿年的历史了,是最古老的岩石之一。泰山地区是中国古老的太古代变质岩系出露地区之一,主要为片岩、片麻岩和复杂的变质岩类。

泰山石的产地

泰山石主要产自泰山周围的东溪、西溪以及东麓麻塔、下港峡谷等地。其中,品相最佳的是主峰西部桃花源峡谷中所产的泰山石。

泰山石的特点

泰山石质地坚硬,石体沉稳、凝重、浑厚,结构细密,纹理精美,富于变化,石面上常常呈现出渗透、半渗透的纹理画面,整个画面富有雕塑感。泰山石的外表多为不规则的卵形,结晶颗粒比较粗,对比色调强烈,画面突出,有阳刚豪放之气。

名称: 千年参王
石种:泰山石
尺寸:34cm×10cm×31cm

名称：**金蟾纳福**
石种：泰山石
尺寸：152cm×47cm×60cm

泰山石以黑白为主要色调，其余有灰黑、灰绿、灰白、黛青、浅红、黄、褐、黑等颜色，石面上交织着千姿百态的白色纹理，或凸或凹，或飞禽走兽、人物文字，或高山流瀑、古木枯枝，千变万化，包罗万象，还原了大自然的景观，呈现出中国画写意的神韵。

■ 天峨石

天峨石因产自广西红水河上游河段而得名，属于纹理石，包括平纹石和凸纹石，都属于河床中的卵石类。该石为含有锰、铁矿物的泥质岩石，质地非常坚硬。凸纹石的纹理比较深，大多数都是深褐色、褐黑色、棕黑色；平纹石的纹理大多数都是浅褐色、黄褐色、褐棕色。

名称：浪淘沙
石种：天峨石
尺寸：19cm×7cm×21cm

天峨石的成因

在漫长的岁月中，天峨石常年受到疾风暴雨、洪水倾泻的侵蚀，以至于泥质岩石上的铁、锰矿物呈现出千变万化的图纹，黑色和浅棕色图纹与灰白色的岩石形成强烈反差，图案仿佛雕琢而成，恰似一幅幅绘画作品。

天峨石的特点

天峨石的纹理色深，色彩反差大，仔细观察有浮雕画的感觉，凸起的纹路更富于粗细、曲直、长短的变化，细细品赏，内涵丰富。

天然的天峨石很受石艺家的珍爱，那些图案不同、造型不同、粗细相间、线条流畅、有虚有实的美妙天峨石，让艺术家看到了形形色色的花鸟虫鱼和神态各异的飞禽走兽，为石艺创作提供了极具美感的石材。

■ 金海石

　　金海石是北京地区三大观赏石之一，因最早发现于平谷区的金海湖而得名，是北京东北部山区峡谷河底中的卵石。金海石是河床卵石，质地为英岩，内含锰和铁等物质，形成了特殊形态的色泽和纹理。

金海石

名称：云中仙

石种：天峨石

尺寸：15cm×10cm×25cm

第二章 大自然的馈赠——奇石的品种

金海石的成因

金海石的原岩为十几亿年前远古代的石英岩，在1.5亿年前受火山岩浆中所含锰和铁的矿液浸染、渗透而使低价铁和高价铁间隔分布，经过漫长的风化而碎落到江河中，又经水冲磨砺形成暗红色、褐黄色、红紫色和黑褐色等色彩丰富的景观卵石。

金海石的特点

金海石坚硬如铁，细腻温润如玉，表面光洁圆滑，颜色多变，大多数为淡黄色、浅褐色和黑褐色，色彩古朴，形态独特。金海石纹理变化万千，大多数呈现群峦叠翠、气势磅礴的山水画卷，纹理表现出峰、峦、川、湖、树木等；红白、黄白、褐白等色彩相间交替出现。金海石的纹理特别清晰细腻，主次呼应，层次极其丰富。其具备石的"质、形、色、纹"等要素，图像拟景拟人拟物，形象逼真，丰富多彩，一派天成。

名称：精卫填海

石种：金海石

尺寸：36cm×6cm×35cm

奇石收藏与鉴赏

名称：金秋
石种：金海石
尺寸：27cm×10cm×34cm

■ 三江石

三江石是国内外久负盛名的名石之一，产于广西三江侗族自治县，因产于怒江、金沙江、澜沧江三江的交汇处而得名。三江石的石质硬、密度大，就算体积不大的三江石，也需要几个人才能抬起来。

三江石的成因

三江石的石质坚韧，其原岩是广西古老的变质岩系，有碧玉岩、硅质岩、脉石英、辉绿岩、含铁石英岩等。碧玉岩和硅质岩的三江石结构致密，石体坚韧，极其符合收藏奇石的硬度标准，不容易风化破碎。

三江石的特点

三江石的摩氏硬度达到7度，质地坚硬。此石种造型奇特，大多数呈圆形、椭圆形、扁形及不规则圆形，色泽、纹理美丽。造型多呈现景观、动物、人物等各种图像。色彩十分丰富，有全红、血红、花红、紫红、斑红等，为艺术家发现和创作石艺图像作品提供了意境深远、古朴典雅、形色俱佳的良好石材。

名称：流光溢彩
石种：三江石
尺寸：不详

名称：金玉满堂
石种：三江彩玉
尺寸：72.5cm×25cm×75cm

三江石的种类

三江石的种类繁多,有紫彩卵石、红彩卵石、黄蜡石、画面石、象形石、文字石、景观石、梨皮石、金钱石、沙积石、铁石、油石、黑石等数十个品种。其中紫彩卵石有红紫、花紫、灰紫等;红彩卵石有全红、花红、血红、紫红、斑纹红等;蜡石有红、黄、白、绿、花等,可以说是石色缤纷,争奇斗艳,韵味十足。

名称:北斗七星

石种:三江星辰石

尺寸:26cm×12cm×36cm

名称:鸿运当头

石种:三江彩卵石

尺寸:33cm×20cm×46cm

大自然的馈赠——奇石的品种

矿物晶体石

地球长期的地质运动，造就了姿态万千、美丽无比的矿物晶体。矿物晶体石是不可再生的资源，存世十分稀少，它的经济价值和艺术价值都非常高。矿物晶体形形色色，千奇百怪，只有那些色彩艳丽，造型完美的才有艺术价值。具有多面体外形的晶体，有着奇特、稀有、美丽的特性，使创作者能够以形度势，因材施教，创作出天趣盎然的石艺作品。

矿物晶体石

雄黄

雄黄又名石黄、黄金石、鸡冠石，是一种含硫和砷的矿石，质软，性脆。单晶体呈现不规则块状，大小不一，一般以粒状或块状集合体产出。雄黄颜色为深红色或橙红色，长久暴露在太阳底下会变成橘红色或者红黄色粉末。

雄黄的产地

雄黄主要产于低温热液矿床及热泉沉积物中，主要产地有中国、美国、捷克、斯洛伐克等国。世界雄黄产地之最是中国湖南慈利与石门交界的牌峪，我国发现的最大雄黄晶体就产于湖南石门，长8厘米，宽5.4厘米，高3.5厘米，重255.3206克，在世界上很罕见，现在收藏于北京大学地质陈列馆。

雄黄的特点

雄黄是砷硫化物矿物之一，属于单斜晶系，一般为致密粒状或土状块体。雄黄为橘红色，条痕呈浅橘红色，具有金刚光泽，断口为树脂光泽。雄黄晶体较粗大，方解石透明且完整的是难得的珍品。

雄黄

大自然的馈赠——奇石的品种

名称：窈窕淑女
石种：雄黄
尺寸：35cm×9cm×24cm

雄黄性脆，熔点很低，用炭火加热会冒出带大蒜臭味的白烟；放在阳光下曝晒，会变为黄色的雌黄和砷华。保存雄黄的时候应该避光，否则容易分化。雄黄加热到一定温度之后在空气中可以被氧化为含剧毒的三氧化二砷，也就是砒霜。雄黄是中国传统中药材，具有杀菌、解毒功效，民间用来做雄黄酒，在端午节的时候饮用。

■ 雌黄

雌黄经常与雄黄共生，或由雄黄在阳光照射下变质而来，所以与雄黄一起被称为"鸳鸯矿物"。雌黄常常见于热泉沉积物和火山凝华物中，是低温热液矿床中的典型矿物。雌黄具有极其艳丽的颜色和光泽，粗大晶体十分稀少。

雌黄

雌黄的产地

美国的内华达州洪德堡区、犹他州图尔区的默柯产出与方解石共生的大块雌黄晶石，加利福尼亚州克恩区、怀俄明州的黄石公园及意大利、希腊、德国等地也有一部分。在中国，湖南、云南、贵州、四川、甘肃等省均有产出，湖南和云南尤其著名。雌黄主要用于提取砷化物及药用，湖南省石门与慈利交界处是著名的雌黄产地。

雌黄的特点

雌黄属于单斜晶系矿石，主要成分为三硫化二砷，有剧毒。晶体为柱状，集合体常呈叶片状、粒状、葡萄状、放射状和球状块体。

大自然的馈赠——奇石的品种

雌黄颜色呈柠檬黄色，间有灰绿色，有时微带浅褐色，表面上常覆一层黄色粉末，其条痕与矿物本色相同，但色彩更鲜明，具有金属光泽。

名称： 簇拥
石种：雌黄
尺寸：10cm×8cm×9cm

名称： 雌雄同体
石种：雌黄、雄黄、方解石
尺寸：32cm×13cm×25cm

雌黄灼烧时熔融，产生青白色的带强烈蒜臭味的烟雾。性脆，摩氏硬度不超过2度，有剧毒，不导电。收藏的时候，以透明、质脆、块大、黄色鲜明、有树脂光泽者为佳。

■ 萤石

萤石又称氟石，主要的成分为氟化钙，等轴晶系。纯净的萤石是无色的，但是含微量元素的萤石较为常见，几乎各种颜色都有。

萤石

第二章　大自然的馈赠——奇石的品种

名称：福在眼前
石种：萤石
尺寸：16cm×7cm×17cm

萤石的成因

　　萤石是一种多成因的矿物，主要产于热液矿脉中。一是通过内生作用与热液作用形成，与中低温的金属硫化物和碳酸盐共生。热液的萤石矿床有两类，一种是于流纹岩、花岗岩、片岩中产出的萤石脉，共生矿物中主要是石英，方解石很少；另一种是产于石灰岩中的萤石脉，共生矿物主要是方解石，石英很少，有时候与重晶石、铅锌硫化物伴生。二是在沉积岩中成层状，与石膏、硬石膏、方解石和白云石共生，或作为胶结物以及砂岩中的碎屑矿物产出。

名称：天然七彩萤石
石种：萤石
尺寸：7cm×9cm×12cm

萤石的产地

萤石主要产于热液矿脉中。无色透明的萤石晶体主要产于花岗伟晶岩或萤石脉的晶洞中，十分珍贵。世界萤石的产地主要有南非、墨西哥、蒙古、俄罗斯、美国、泰国、西班牙等。截至 2012 年，世界萤石总储量约为 4.7 亿吨，中国是世界上萤石矿产最多的国家之一，占世界储量的 10%，主要产地为浙江、福建、湖南、内蒙古等地。

萤石的特点

萤石颜色有很多，常见的有绿、蓝、黄、棕、粉、紫、无色等。同一晶体常常有多种颜色，各种颜色条带显示其生长过程中环境条件的变化。

大自然的馈赠——奇石的品种

萤石单晶体多呈立方体、八面体、菱形十二面体及聚形，立方体晶面上常有与棱平行的网格状条纹，集合体为粒状、晶簇状、条带状、块状等。单晶体小的为数毫米，大的为几十厘米。

萤石是透明至半透明的，在紫外光照射下可以发紫或紫红色荧光，阴极射线下可发紫或紫红色光。紫色萤石具有摩擦发光的特性，某些萤石还具有热发光性，即加热或者曝晒后可以发磷光。萤石硬度低，保存的时候需要注意，直接从矿上采下来的萤石有辐射，不宜在卧室摆放。

萤石的种类

萤石可以按照颜色和工艺用途来划分品种。

按照颜色，萤石可以分为蓝、紫、绿等品种。蓝色萤石呈绿蓝、灰蓝、浅蓝色，表面深，中心浅；紫色萤石是深紫、紫色，常呈条带状分布；绿色萤石是蓝绿、绿、浅绿色，常见的为晶簇；无色萤石是无色透明至半透明，以单晶体或晶簇出现。

按照工艺用途，萤石可以分为玉石级与宝石级两种。玉石级为粒状或纤维状集合体，半透明，单一颜色或不同颜色相间，呈条带状分布，多数用于雕刻或制作工艺摆件；宝石级透明，单晶体颗粒大，颜色艳丽，硬度低，常用于收藏和观赏。

紫色萤石

■ 水晶

水晶是无色透明的石英柱状晶体，化学组成是二氧化硅。中国古代将水晶称为"水玉"，佛书中称为"菩萨石"，认为水晶有灵光，可以普度众生。中国境内各地几乎都产水晶，以江苏、贵州、四川、海南、内蒙古等省区较多。

水晶的成因

在一定压力和温度中，水晶结晶而成，其主要成分是二氧化硅。水晶晶体石生长的地方多是地底下、岩洞中，气压约为地面气压的 2 至 3 倍，并且需要含饱和二氧化硅的地下水源源不绝供应，温度保持在 500℃—600℃之间，经过漫长的岁月，二氧化硅才可结成水晶。

白水晶与海蓝色蓝碧玺原石共生

名称：别有洞天
石种：紫水晶
尺寸：90cm×45cm×140cm

　　当水晶还处于液态的时候，常常会包覆着其他矿石、泥灰一起结晶成长，如金红石、火山泥灰等。之所以会形成各种不同颜色的水晶，是因为含有各种微量的金属。水晶也会广泛地和自然界中的各种矿物共生在一起，如云母、方解石等。

　　在成长的过程中，水晶需要足够的空间，同时以洞壁作为依托，岩洞、地底的生长空间狭窄，尤其是遇到地震或地壳变动的时候，容易受到其他矿石的挤压，常会压迫产生不同的晶面。所以水晶晶体通常上半截发育完美，下半截不完整。

水晶的特点

　　结晶完美的水晶晶体属三方晶系，其晶体状态是由六方双锥和六方柱构成的带锥头的六方体，柱体通常是一头尖或两头尖，多条长柱体连接在一块，通常称为晶簇，形状千姿百态，美丽而壮观。水晶晶簇多种多样，有紫色的紫水晶、烟灰色的烟晶、茶褐色的茶晶、黄色的黄水晶、玫瑰色的蔷薇水晶、无色透明或乳白色半透明的白水晶。

水晶摩氏硬度大约在6—8度左右，熔点1713℃。水晶有成色等级之分，影响水晶价值的因素很多，一般来说，质地通透、形状奇特的水晶石为上佳，颗粒越大，价值越高。

如何辨别真伪水晶

水晶的真伪，可以从外观简单辨别：

从质地上看，由于天然水晶在形成的过程中受到环境的影响，往往会含有一些杂质，对着太阳观察的时候，可以看到淡淡的柳絮状物质和细小的横纹。假水晶中看不到均匀的条纹或柳絮状物质，因为假水晶多是采用残次的水晶碴、玻璃渣熔炼，经过磨光加工、着色仿造而成的。

水晶样本

从硬度上看，天然水晶的硬度大，用碎石在晶体上轻轻划一下，不会留下痕迹；若是假水晶，可能会留有痕迹。

从色泽上看，将天然水晶竖放在太阳光下，无论从哪个角度观察，都能绽放出美丽的光彩，假水晶则不能。

用舌头舔天然水晶的表面，有冷而凉爽的感觉，假的水晶则没有任何凉爽的感觉。

水晶的真伪，还可以通过仪器来辨别：

用放大镜检查，在透射光下用十倍放大镜检查，能找到气泡的基本上都可以判定为假水晶。

用偏光镜检查，将水晶放在偏光镜下转动360度，天然水晶有似明似暗的变化，假水晶没有任何变化。

用热导仪检查，将热导仪调节到绿色4格测试，天然水晶能上升至黄色2格，假水晶通常不会上升，只有面积大的假水晶能上升至黄色1格。

■ 玛瑙

玛瑙在汉代被称为"赤玉"，与水晶、松石被视为古老的玉石之一。在佛教中，玛瑙是七珍、七宝之一，梵语中称为"马脑"，佛经传入中国后，被巧妙地译为"玛瑙"。

玛瑙的成因

玛瑙属于玉髓类，一般来说是由二氧化硅的胶体沿岩石的空洞或空隙的周壁向中心逐渐填充，形成同心层状或平行层状的块体。在1亿年前，由于地壳的变动，地下岩浆大量喷出，熔岩冷却的时候，蒸气与其他气体形成气泡。这些气泡在岩石冻结的时候被封起来而形成许多洞孔。后来，洞孔浸入含有二氧化硅的溶液凝结成硅胶，含铁岩石的可熔成分进入硅胶，最终这些二氧化硅溶液结晶为玛瑙。

名称：母子情深
石种：内蒙古葡萄玛瑙石
尺寸：19cm×8cm×21cm

玛瑙的产地

世界上有许多国家盛产玛瑙，比如印度、美国、巴西等。在中国，玛瑙石产地分布也很广泛，大多数分布在云南、河北、新疆、辽宁、宁夏、黑龙江、内蒙古等地区。辽宁阜新被称为"玛瑙之都"，在内蒙古的大漠中还形成了"玛瑙湖"。

名称：葡萄山
石种：葡萄玛瑙
尺寸：18cm×11cm×34cm

第二章 大自然的馈赠——奇石的品种

玛瑙的特点

在地质历史上的各个地层，无论是沉积岩还是火成岩都能形成玛瑙。玛瑙的种类繁多，一般情况下是以纹带、颜色、裂纹、杂质、砂心、透明度和块重作为分级标准，其中水胆玛瑙最珍贵。无论哪种级别的玛瑙，都以红、蓝、紫、粉红色为佳，并且要求透明、无杂质、无裂纹、无砂心。

供石玛瑙石与玛瑙饰品也有区别，供石玛瑙石不经过加工，配以合适的底座，以纯天然的状态供人观赏，以嶙峋的石表衬托出内里纹理的多变和色彩的艳丽，在粗砺的外表下隐藏着冰清玉洁的本质。供石玛瑙的体量一般是玛瑙饰品的十几倍至上百倍。

名称：佛在我心
石种：葡萄玛瑙
尺寸：10cm×6cm×10cm

名称：鼻烟壶
石种：内蒙古戈壁玛瑙石
尺寸：6cm×3cm×5.5cm

玛瑙的种类

玛瑙的种类有很多，色彩丰富。按照色彩，可以分为红玛瑙、紫玛瑙、蓝玛瑙、白玛瑙等，其中鲜艳似火的红玛瑙是玛瑙中的上品；按照透明度，可以分为透明玛瑙和半透明玛瑙；按照外形，可以分为戈壁玛瑙、葡萄玛瑙和水冲玛瑙；按照纹理，可以分为缠丝玛瑙和带状玛瑙；按照特点，可以分为水胆玛瑙、火玛瑙、苔藓玛瑙和竹叶玛瑙。

如何辨别真伪玛瑙

玛瑙的真伪，可以通过以下几个方法来鉴别：

从石表看，瑕疵很少的是真玛瑙，瑕疵较多的是假玛瑙。

从质地上看，大部分石料仿制的都是假玛瑙，真玛瑙质地软一些。用玉在真玛瑙上划不出痕迹，在假玛瑙上则可以划出痕迹。

第二章 大自然的馈赠——奇石的品种

从颜色上看,色泽鲜明光亮的是真玛瑙,假玛瑙的色和光都差一些。比如天然红玛瑙的颜色分明,条带明显,如果仔细观察,可以在红色条带处看见密集排列的细小红色斑点。染色蓝玛瑙颜色艳丽均一,给人一种不自然的感觉。

从透明度看,真玛瑙稍有混浊,透明度不如人工合成的好,有的可看见自然水线,而人工合成的玛瑙透明度好,有的甚至像玻璃一样透明。

真玛瑙冬暖夏凉,人工合成的玛瑙则随着外界温度的变化而变化。

■ 石榴石

石榴石是石榴石族矿物,因为晶体形状和颜色与石榴子相似,所以被称为"石榴石"。石榴石主要产于印度、美国、斯里兰卡、马达加斯加、中国等国家。清末时期的石榴石在珠宝行业被称为"紫牙乌"或"子牙乌",主要指的是石榴石中的镁铝榴石。

名称:犀牛
石种:葡萄玛瑙
尺寸:30cm×18cm×55cm

石榴石的成因

石榴石属于等轴晶系,是一种比较复杂的硅酸盐矿物,原生矿床有很多种,主要产于变质岩类或岩浆岩中。大部分宝石级的石榴石都是在冲积矿中被发现的。

石榴石的特点

受所含化学成分的影响,石榴石的颜色很多,有红、紫红、暗红、橙、黄、绿、褐、黑等色。石榴石单晶的晶体形态呈菱形十二面体、四角三八面体或二者的聚形,晶簇则为粒状或块状。石榴石晶面呈现玻璃、亚金刚光泽,透明至不透明,断口显油脂光泽。最贵的石榴石是颜色鲜艳、纯正、透明度高的。

名称:石榴山
石种:石榴石
尺寸:17cm×8cm×15cm

石榴石晶体

石榴石的种类

按照成分的不同,可以将石榴石分为铁铝榴石和钙铁榴石。铁铝榴石包括镁铝榴石、铁铝榴石、锰铝榴石等品种。钙铁榴石包括钙铬榴石、钙铝榴石、钙铁榴石等品种。其中,晶莹剔透的翠榴石身价很高,在国际宝石市场十分受欢迎。

■ 方解石

方解石是一种碳酸钙矿物,敲击方解石可以得到很多方形碎块,因此得名。方解石属三方晶系,是一种分布广泛的常见矿物晶体,化学成分是碳酸钙。

名称： 火焰
石种：方解石
尺寸：18cm×9cm×12cm

方解石的成因

方解石晶簇主要产于以碳酸盐岩为围岩的热液脉状矿床中，其分布很广，占地壳总量40%以上，是地壳最重要的造岩矿石，见于石灰石山，广泛存在于第三纪及第四纪石灰岩和变质岩矿床中。

方解石的产地

方解石世界各地均有发现。代表产地为中国、墨西哥、英国、法国、美国、德国等。在中国，方解石主要产于贵州、广西、云南、湖南等省，这些地方有大量碳酸盐岩地层分布，岩浆活动不发育，所以方解石的生成温度一般低于水晶。

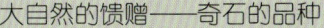

大自然的馈赠——奇石的品种

名称：傲视群雄
石种：方解石
尺寸：25cm×8cm×20cm

方解石的特点

　　一般的方解石是白色或无色的，因为含有其他金属致色元素呈现出淡红、淡黄、淡茶、玫红、紫等多种颜色。完全透明纯净的方解石晶体为冰洲石，是重要的光学材料，有完全的菱面体解理，玻璃光泽，透明至半透明，可溶于稀盐酸并产生气泡，具有最大的偏振光功能和强烈双折射功能，透过它看到的物体呈双重影像。

方解石晶体

方解石晶体一般发育完好,形态多种多样,常见的有柱状体、菱面体、板状体、三角面体等。单晶大小从几毫米到数十厘米不等,集合体可以是一簇簇的晶体,也可以是粒状、块状、纤维状、钟乳状等形态。有时候方解石会与黄铁矿或闪锌矿等金属硫化物晶体共生,十分美丽。

■ 辉锑矿

辉锑矿是一种锑的硫化物,条痕为铅灰色,晶面常带暗蓝色,具有金属光泽,不透明。

辉锑矿

大自然的馈赠——奇石的品种

名称：刺猬
石种：辉锑矿
尺寸：13cm×8cm×15cm

辉锑矿的产地

锑是国防工业领域的重要原料，在全世界，以中国、日本和罗马尼亚的辉锑矿最为著名，其中中国的锑储量占全世界总储量的一半以上。辉锑矿主要产于中低温的热液矿床中，中国湖南冷水江市锡矿山是世界上最大最著名的辉锑矿产地。除了湖南之外，安徽、浙江、陕西、广西、贵州等省也有不少辉锑矿床产出。

辉锑矿的特点

辉锑矿是锑的硫化物，铅灰色，不透明，摩氏硬度为2度，仅比指甲稍硬。辉锑矿属于正交晶系，性略脆，具壳状断口，不导电。辉锑矿具有耀眼的强金属光泽，解理面或晶面可反射出非常灿烂的光芒，千姿百态的造型和清晰的晶面纵纹，特别像打磨好的长柱形单晶，闪闪发亮，让人十分喜欢。

辉锑矿的单晶大小从几厘米到几十厘米不等，多呈针状或长柱状，柱面有明显的纵纹。辉锑矿晶簇常呈放射状或束状，也有针状及粒状、纤维状、致密状的块体。姿态万千，具有很高的观赏价值和收藏价值。

在细粒的辉锑矿矿体上滴氢氧化钾液体，矿体会立刻呈现出黄色，随后变成橘红色。可以用这个方法将其与类似的氧化物区分开来，如方铅矿、辉钼矿等。辉锑矿见于中低温热液充填矿床中，是一种分布最广的锑化物。

名称：兽首

石种：辉锑矿

尺寸：14cm×5cm×20cm

第二章 大自然的馈赠——奇石的品种

辰砂

■ 辰砂

辰砂又称"丹砂""朱砂",主要成分为硫化汞,是一种棕红色半透明的矿物晶体。辰砂只出产在低温热液的矿床中,常常与辉锑矿共生。辰砂晶体表面具有金属光泽,晶形为柱状或者板状,密度较大,硬度较小。辰砂是提炼汞的最主要的矿物原料。

辰砂的产地

中国是世界上辰砂的主要产出国之一,产地分布在湖北、湖南、四川、贵州、云南、广西等地,其中以贵州东部和湖南西部产地为主。中国产出的辰砂晶体形体完整,色泽鲜艳,尤其是贵州产的结晶体大于1英寸的辰砂王更让世界矿物收藏者动心。辰砂晶体的价格主要是依据晶体大小决定的,而棱角清晰、色泽鲜红、透明度好、晶形完整的辰砂晶体价格更高。

辰砂的特点

辰砂的摩氏硬度为 2.5 度，体重，质脆，为典型的低温热液矿物，产于板岩、砂岩、石灰岩中，成因与近代火山作用有关。辰砂为块状或粒状集合体，呈现块、片状或颗粒状，其中片状者容易破碎，断口呈半贝壳状或参差状，粉末状者有闪烁的光泽。

辰砂表面具有金刚光泽或金属光泽，纯净辰砂为金刚光泽，呈朱红色；含杂质的时候光泽暗淡，呈褐红色。一般辰砂结晶为 1 毫米左右的颗粒，大于 5 毫米的鲜红辰砂晶体很受矿物收藏者的欢迎。

名称：踏雪寻梅

石种：辰砂（朱砂冻石）

尺寸：9cm×5cm×12cm

大自然的馈赠——奇石的品种

石英

■ 石英

石英质地坚硬，一般为乳白色，呈半透明或者不透明状，是一种主要成分为二氧化硅的矿物晶体。

石英的种类

石英的类型多种多样，石英的第一种分类法是将其分为显晶质的水晶和隐晶质的玉髓两大类。

显晶质的水晶可以用肉眼将其结晶构造辨别出来，如水晶常呈六方柱状结晶；隐晶质的玉髓其结晶构造极微小，甚至用一般显微镜也不易辨认出来。水晶包括：无色水晶、烟晶、绿晶、发晶、粉晶、紫水晶、黄水晶、芙蓉石、东陵石、星彩石英等。玉髓包括：碧玉、蓝玉髓、绿玉髓、深绿玉髓、玛瑙、红玛瑙、棕玛瑙、火玛瑙、缠丝玛瑙、苔纹玛瑙、血滴石、硅化木等。

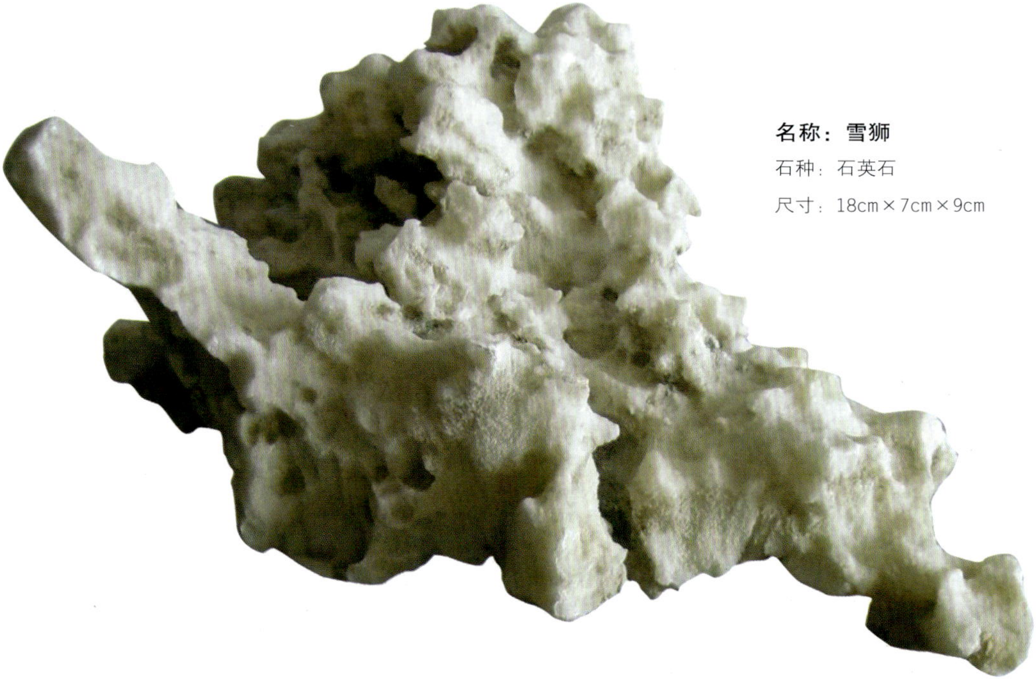

名称：雪狮
石种：石英石
尺寸：18cm×7cm×9cm

　　还有一种石英的分类方法就是二氧化硅发生不同的化学反应的时候产生不一样的晶体：当二氧化硅胶化脱水后就是玛瑙；当二氧化硅结晶完美时就是水晶；当二氧化硅含水的胶体凝固后就成为蛋白石；当二氧化硅晶粒小于几微米时，就组成玉髓、燧石、次生石英岩。

■ 孔雀石

　　孔雀石属于单斜晶系的碳酸盐矿物，因颜色酷似孔雀羽毛上的绿色斑点而得名。中国古代称孔雀石为"绿青""石绿""缥绿"或"青琅玕"，其英文名称源于希腊语，意为绿色之意。

大自然的馈赠——奇石的品种

孔雀石的成因

孔雀石是一种含铜碳盐的蚀变产物（碱式碳酸铜），产于铜的硫化物矿床氧化带，经常与其他含铜矿物共生。比如辉铜矿、蓝铜矿、赤铜矿、自然铜等。

孔雀石的产地

1984年，我国首次在广东阳春发现孔雀石猫眼，那里的孔雀石储量全国第一，但1997年已经封矿。阳春出产的孔雀石石质优，色彩鲜艳，永不褪色，结晶完美。内部具天蓝、粉绿、翠绿、墨绿等色纹，带有相绕的同心、花纹和束状放射花纹，十分美丽。另外，我国湖北大冶、海南岛等地也出产孔雀石。

孔雀石

孔雀石的特点

孔雀石的摩氏硬度为 3.5—4 度，其晶体为针状、柱状或纤维状，形状通常呈现钟乳状、肾状等。石表上常有纹带，具有玻璃光泽或者丝绢光泽，呈半透明。孔雀石的颜色主要有绿、孔雀绿、暗绿色。通常情况下，可以根据孔雀石的纹理和颜色判断其品质。孔雀石的纹理越细腻，颜色越鲜艳，品质就越好。

孔雀石韧性差，容易碎裂，而且具有易溶性，遇盐酸易起反应。所以在收藏孔雀石的时候需要注意避免磕碰，同时不能接触碱性和酸性物质。古今中外，孔雀石都被罩上了各种神奇的色彩，象征嘉庆、福善、吉祥美好，孔雀石四季常青，庄重而高雅。所以，世界上很多国家都将孔雀石作为国石。

名称：原始森林
石种：孔雀石
尺寸：18cm×12cm×26cm

名称：佚名
石种：孔雀石
尺寸：14cm×8cm×24cm

■ 红纹石

红纹石属于三方晶系，学名是菱锰矿，是一类运用比较广的矿物晶体。红纹石的名字来源于希腊语，是玫瑰色的意思，象征着它特殊的色彩。红纹石最早产于阿根廷，最古老的矿场在阿根廷的安第斯山脉，所以又有"印加玫瑰"和"阿根廷石"的别名。除了阿根廷之外，世界上著名的红纹石产地还有德国、美国、罗马尼亚和中国等国。

红纹石的成因

红纹石的成因有外生沉积和内生热液两种，外生沉积见于海相沉积的锰矿床中，内生热液成因见于铜、铅、银、锌硫化物热液矿脉中。

名称：暮然回首
石种：红纹石
尺寸：不详

第二章 大自然的馈赠——奇石的品种

名称：半壁江山
石种：红纹石
尺寸：3.5cm×4.5cm×7.5cm

红纹石的特点

红纹石的摩氏硬度为 3—5 度，有玻璃光泽至亚玻璃光泽。锰离子是红纹石的基本组成之一，锰离子使其呈现或浅或深的粉红色调。红纹石颜色亮丽，白纹明显，大多数都是粉红色，间有灰色、黄色、褐色、乳白色条纹，鲜艳美丽。

红纹石是天然宝石中比较贵重的品种，通常被磨为圆珠、戒面，或作为装饰、雕刻物品，具有很强的观赏和收藏价值。通体粉红、少有或是基本上看不到乳白色条纹的被称为冰种红纹石，相对普通红纹石来说，价格要高很多。

■ 鱼眼石

鱼眼石是一种含有结晶水的钾钙硅酸盐矿物，因为其具有硅氧四面体层状结构，解理面散射出呈珍珠光泽的光线，与鱼眼的反射色很相似，因此得名"鱼眼石"，鱼眼石属四方晶系。

鱼眼石

鱼眼石的产地

目前，英国、印度、捷克、巴西、意大利、澳大利亚、中国是鱼眼石的主要出产国。自20世纪80年代，中国在江苏省溧阳市发现宝石级鱼眼石矿物以来，先后又在青海、湖北黄石、湖北大冶、辽宁等省区发现鱼眼石晶簇观赏石。鱼眼石属于珍稀矿物，产量十分稀少，所以收藏价值很高。

鱼眼石的特点

鱼眼石的摩氏硬度为4.5—5度，呈现玻璃光泽至珍珠光泽，色彩丰富，形态多样。鱼眼石的晶体呈双锥状、等轴状、立方状、柱状或者板状，此外，还会以块状、叶片状或粒状集合体的形式出现。

大自然的馈赠——奇石的品种

　　鱼眼石呈透明或者半透明，颜色有白色、紫色、棕色、黄色、无色、绿色或粉红色，条痕白色。其形成于热液矿脉以及玄武岩气孔中，与水晶、石英、沸石、方沸石、方解石、葡萄石等共生。目前已经采集到了一批鱼眼石晶体标本，其中伴生的有沸石、紫水晶等十多种共生矿物，有的则是多种矿物共生。

　　鱼眼石晶莹淡雅，色彩鲜艳，极具观赏价值。柱状结晶或者板状结晶，有着一定厚度和漂亮颜色的鱼眼石，是制作各种首饰的珍贵原料，被人称为"宝石"。世界上有很多国家出产鱼眼石，可是具有商业价值的不多，能够达到宝石级别的就更少了。

名称：喜笑颜开
石种：鱼眼石
尺寸：8cm×5cm×10cm

沙漠玫瑰

沙漠玫瑰因为外形与玫瑰花瓣极其相似,又生长于沙漠中,所以得名"沙漠玫瑰",是一种石膏类晶体。

沙漠玫瑰的成因

沙漠玫瑰是方解石、石英与石膏的共生体,其主要的成分是石灰石,生长在沙漠低洼处,在千万年的风雨雕塑中风化而形成。

沙漠玫瑰的产地

沙漠玫瑰因为特殊的地理形成条件,所以产量非常稀少。其主要产地有非洲东、南部和阿拉伯半岛,美国、墨西哥、摩洛哥以及中国等国的沙漠地带也有出产。

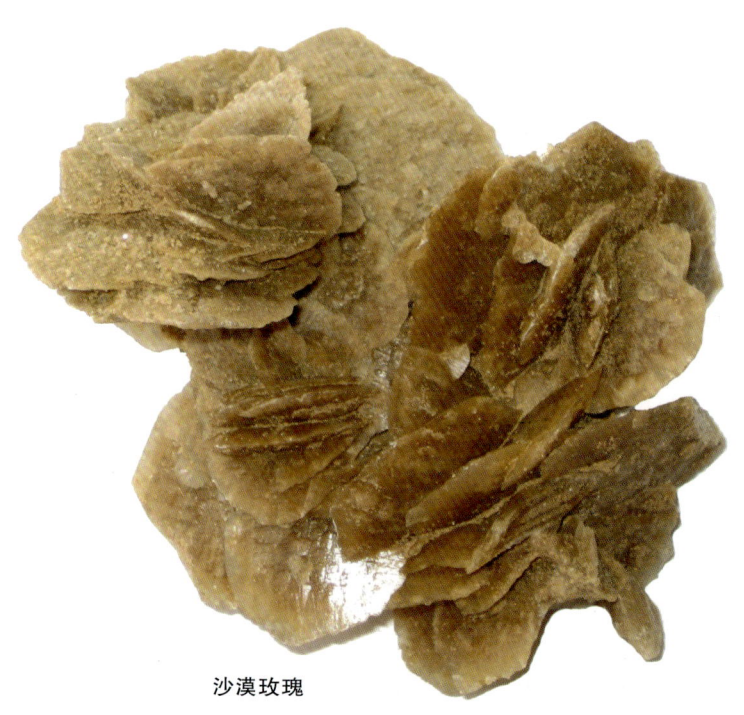

沙漠玫瑰

大自然的馈赠——奇石的品种

名称：花海
石种：沙漠玫瑰
尺寸：23cm×13cm×26cm

沙漠玫瑰的特点

沙漠玫瑰质地比较软，摩氏硬度为2度。沙漠玫瑰的形状如同盛开的花瓣，形态上有厚花瓣、薄花瓣以及大花、小花之分。例如，一部分矿物二次结晶，可以在沙漠玫瑰的大花瓣上结晶出小花朵。其中晶体花瓣清晰、晶块较大、表面光洁度高、呈透明或半透明状的沙漠玫瑰，收藏和观赏价值比较高。风化和溶蚀严重的则价值不高。

不同产地的沙漠玫瑰花形和颜色各具特色，例如中国内蒙古的沙漠玫瑰，花形比较大、花瓣比较厚、颜色比较深；墨西哥的沙漠玫瑰，多呈小花球状，花瓣比较薄，颜色比较浅。

化石

古生物遗体和它们的生活遗迹经过自然界的作用保存在地层中形成的石头叫做化石。这些生物大多数都是茎、叶、贝壳、骨骼的坚硬部分，经过矿物填充和交替作用，形成仅保留形状、结构以及印模的钙化、碳化、硅化、矿化的生物遗体、遗物和印痕，具有很高的观赏、科研和经济价值。

古生物化石分为遗迹化石和实体化石。遗迹化石指的是古生物生活、活动时留在沉积地层表面或内部的痕迹或遗物，比如动物足迹、卵生动物的蛋化石等；实体化石指的是古生物遗体本身形成的化石，比如无脊椎动物的外壳、脊椎动物的骨骼、植物的木质纤维等。

名称：鹦鹉螺

石种：化石

尺寸：9cm×1cm×7cm

第二章 大自然的馈赠——奇石的品种

琥珀原石

■ 琥珀

琥珀的成因

琥珀是第三纪松柏科植物的树脂经地质作用掩埋地下,经过漫长的地质时期,树脂失去挥发成分并聚合、固化而形成的一种树脂化石。

琥珀属于沉积作用下的产物,主要产于白垩纪到第三纪的沙砾岩、煤层的沉积物中,距今约3.5亿年至几千万年。琥珀形成后,经过沉积、流水等地质作用,主要储存于煤层、沉积地层、及滨海砂矿中,有小部分琥珀是来自砂岩层和黏土层。

琥珀的产地

世界上著名的天然琥珀的主要产地在俄罗斯、波兰、丹麦、挪威、罗马尼亚及多米尼加共和国。除此之外，在美国、英国、印度、缅甸、新西兰、中国等地也有出产。在中国，最有名的琥珀产地是辽宁抚顺和河南南阳，其中抚顺所产的琥珀质量更佳。

琥珀的种类

按照色泽、透明度和纯净度不同可以将琥珀划分为金珀、血珀、香珀、水珀、石珀、虫珀、明珀、花珀、蜡珀、蜜蜡、红松脂等，不过这样的划分并不科学，没有明确的定义，只是一种约定俗成的划分办法。金珀指的是金黄色的琥珀；虫珀和灵珀指的是含有动物遗骸的琥珀；花珀指的是经过人工制作的黄白或红黄相间、颜色不均匀的琥珀；血珀指的是红色系的琥珀；水珀指的是内含水滴的琥珀，也叫水胆琥珀；蜜蜡指的是不透明的琥珀；香珀指的是摩擦后香味明显的蜜蜡。

名称：海底世界
石种：琥珀
尺寸：7cm×4cm×5cm

大自然的馈赠——奇石的品种

名称：天然琥珀
石种：琥珀
尺寸：15cm×10cm×15cm

琥珀的特点

琥珀是碳氢化合物，是有机物，含有琥珀酸和琥珀树脂，质地松脆，断面平滑，具有玻璃光泽，透明或半透明，密度较大，摩氏硬度为2—2.5度，适宜雕刻加工。琥珀内部经常可见气泡以及古老昆虫或植物碎屑，表面常保留着当初树脂流动时产生的纹路。

琥珀具有各种各样的形状，大多呈饼状、瘤状、肾状、颗粒状、拉长的水滴状和其他不规则形状。琥珀易溶于酒精，易燃烧，加热到150℃即软化，至250℃—300℃的时候熔融，散发出松香气。

琥珀属于非晶质体，颜色多为黄色、橙黄色、血红色、棕色、褐黄色等，淡紫色和浅绿色的品种十分罕见。根据琥珀形状、颜色、大小以及包含昆虫的清晰程度等不同的情况，可以对其进行不同的价值定位。绿色和血红色的琥珀为好，颜色浓正，杂质不多的更佳。最贵重的琥珀是包裹着昆虫的琥珀，昆虫清晰、形态栩栩如生、个体大、数量多的最佳。

琥珀的保管

琥珀性脆，硬度低，与硬物摩擦会使其表面毛糙，产生细痕，所以应该避免摩擦，在清洗的时候不要用毛刷或者牙刷等硬物。琥珀染上灰尘和汗水后，可以将其放入加有中性清洁剂的温水中浸泡，用清水冲刷，以柔软的布擦拭干净，最后滴上少量的橄榄油或茶油轻拭琥珀表面，再用布将多余的油渍去掉，就可以恢复光泽了。

琥珀易熔化、忌热、忌曝晒，所以琥珀制品不宜放在高温的地方，应该避免太阳直接照射。琥珀易脱水，过分干燥的环境会使其产生裂纹。琥珀属于有机质，不宜接触有机溶剂，比如指甲油、酒精、汽油、煤油等。

硅化木

硅化木

硅化木又叫树化石、木化石，因其质地是化石，外形似木，所以又有"石树"之称。作为一种植物化石，既具有观赏石的特征，又具有科研价值，从古至今都是一种重要的化石观赏石品种。硅化木是大自然的神奇之作，是一种因受到硅化作用而形成的木化石，产生于3亿多年前的古生代到6500万年前的白垩纪之间。中国是世界上最早发现硅化木的国家，宋代沈括的《梦溪笔谈》已经有关于硅化木的记载。

硅化木的成因

在距今1.5亿年前的侏罗纪形成了硅化木，因火山喷发或造山运动，大面积的森林植被被熔岩、泥沙掩埋，有些被埋的树木因处于干旱环境或与空气隔绝，木质很难腐烂。经过千百万年的地层压力、地下热力等地质作用的交替影响，树木中的有机质逐渐被周围地下水溶解，水中的硅质成分则逐渐在溶解后的孔洞中沉积，经过漫长的时期后最终完成了替换过程。

硅化木是在漫长的石化过程中，被二氧化硅或碳酸钙、硫化铁等矿物交替了的木质的纤维结构，并保存了枝干的外形。气候演变，千万年的风雨剥蚀，硅化森林逐渐露出地表，形成了今天色彩斑斓、姿态万千的硅化木奇石。

名称："节"大欢喜
石种：硅化木
尺寸：31cm×27cm×95cm

新疆玛瑙质硅化木

硅化木的产地

宋代沈括的《梦溪笔谈》中就已经有描述"树化石"的记载了。树化石属于硅化木类，有蛋白、玛瑙硅化木和普通硅化木之分。新疆、辽宁、云南、山东、河北、山西、北京、江西、甘肃、四川、福建等省区均有树化石的分布。现代发现北京延庆县一些山坡上有树化石；在山东即墨市马山上，发现了连树皮年轮和树上的疙瘩都保存得完好如初的树化石群；在山西长子县发现 32 棵树化石横陈于山坡上；在新疆奇台县的戈壁滩上，发现了 8 平方千米的树化石群，有千余棵。

硅化木的种类

通常情况下，硅化木可以分为山原石、水冲石和风砺石三种。

山原石是树木硅化后还在原生地，埋在沙土里或者嵌在岩层中的硅化木。它保存了原始的形状、年轮、脉络，犹如大树残桩。

第二章 大自然的馈赠——奇石的品种

水冲石是树木硅化后经地壳运动,被洪水、山川等搬运到低洼处,再经过激流沙石的冲撞磨砺,变成质坚形美、色艳纹细、皮润光亮的硅化木。

风砺石通常是在水冲石的基础上,经过地壳抬升到高原荒漠上,经过风沙磨砺而成的硅化木。

硅化木的特点

硅化木保留了树木的木质结构和纹理,质地坚硬,摩氏硬度在8度以上,其原石保留了树木大部分的外形,甚至保留了纤维、皮痕、节疤、年轮及虫洞等生物特征。经初步洗磨的硅化木呈现出良好的玉色质感,石表有光泽。

硅化木颜色为土黄、淡黄、黄褐、红褐、灰白、灰黑等,抛光面可具玻璃光泽,不透明或微透明。硅化木似木非木,似玉非玉,兼有化石、玉石和奇石之美。除了制作化石摆件、奇石摆件和玉石摆件之外,还可以经过切割、雕琢制成硅化木珠宝首饰。

名称:**空山论道**
石种:硅化石
尺寸:36cm×22cm×51cm

硅化木色彩斑斓，温润如玉，其韵、色、形、纹等都符合传统的赏石审美观，而且它能够为研究远古地理环境及植物形态提供帮助，具有很高的科研价值。

　　硅化木通常有三个品种：若被交代成隐晶质石英，则成为玉髓或玛瑙硅化木；若木质被交代成胶质二氧化硅，则称为蛋白石硅化木；若被交代成微粒的石英，则成为普通硅化木。硅化木形成的条件十分苛刻，存量稀少，因此其收藏价值和经济价值不断上升。

■ 珊瑚化石

　　珊瑚化石是古代珊瑚虫的石灰质骨骼经石化作用后保存下来的化石，比珊瑚坚硬许多。无论是在江河还是在山区中，无论是在卵石还是在山岩上，这种海生动物化石都保存在灰岩及泥灰岩中，多为白、蓝、黄、绿等色泽。也有一些红、粉红、粉白珊瑚化石。珊瑚化石千姿百态，古生代的四射珊瑚、中生代的六射珊瑚、新生代的八射珊瑚，都出自我国西南各省及湖南、广东、广西、贵州等地的泥灰岩和灰岩中。

珊瑚化石

第二章 大自然的馈赠——奇石的品种

名称：黑珊瑚化石
石种：珊瑚化石
尺寸：22cm×7cm×10cm

珊瑚化石的成因

珊瑚化石种类多，分布广，生存时限短，主要分布在寒武纪至第四纪的地层内，保存在浅海沉积物内，常与其他典型浅海生物相伴。珊瑚虫属于腔肠生物门、珊瑚纲的无脊椎动物，是由原始多细胞动物的祖先进化而来的。

珊瑚在海中的生长速度缓慢，根据珊瑚石化后显示出的生长纹和生长线来推测，1米高的珊瑚动物大约需要生长1000年的时间。珊瑚死后，它的尸体逐渐为海水中的游离CO_2和Ca阳离子结合的碳酸钙所代替，这个过程叫石化过程，也有人称为钙化过程，这个过程使得有机质的动物珊瑚变为无机质的化石珊瑚。在珊瑚与硅元素结合后，在一定条件下珊瑚石会玉化。

珊瑚化石的特点

古生代地层中的珊瑚化石是划分地质历史的重要参照物。珊瑚化石具有玻璃光泽或蜡状光泽，不透明或半透明，摩氏硬度为3.5—4度，质地较脆。

名称：满天星
石种：珊瑚虫化石
尺寸：68cm×43cm×30cm

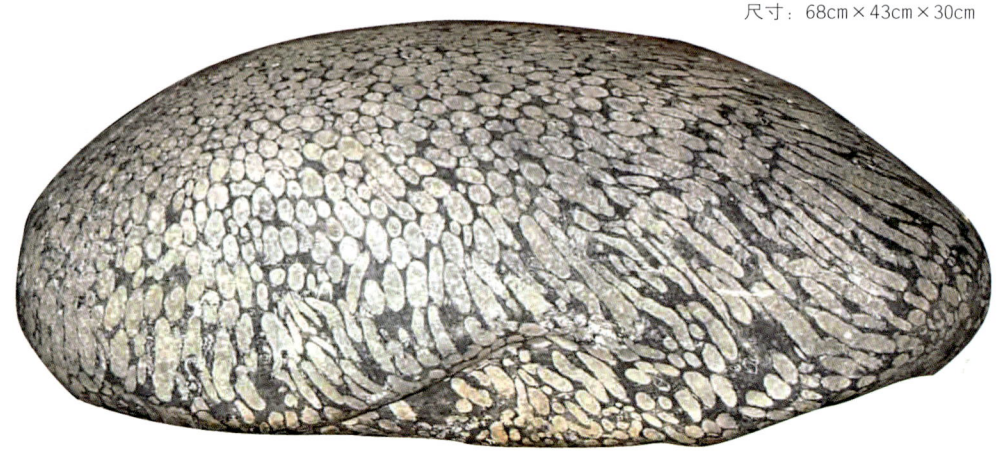

珊瑚化石颜色美丽鲜艳，包括深红色、粉红色、桃红色、粉白色、白色、黄色、黑色等。宝石级珊瑚为红色、粉红色、橙红色，是最有价值的珊瑚化石，可以用来做装饰品。珊瑚化石千姿百态，有树枝状、拖鞋状、多角状、圆筒状、盘状、锥状等，纹路都很清晰，深受奇石收藏爱好者的喜爱。

珊瑚化石的种类

珊瑚化石种类丰富，可以分为四射珊瑚、六射珊瑚、床板珊瑚和日射珊瑚等四类。

中国出产的珊瑚化石大多数为四射珊瑚，六方珊瑚、贵州珊瑚、拖鞋珊瑚都属于四射珊瑚。六方珊瑚外形呈球团状，为多角柱状块体，顶部及四周有蜂巢状的凹处，横断面是不规则的六边形。六方珊瑚主要产于西南各省及湖南、陕西、两广等地。贵州珊瑚是个体最大的单体珊瑚，因为外形像牛角，又叫"牛角石"，其横断面有辐射状的腔壁和小鳞板，主要产于广西、贵州及滇西。拖鞋珊瑚呈半漏斗状，横断面近似于等边三角形，整体似拖鞋状，主要产于广西。

鱼类化石

在种类繁多的水生脊椎动物中，鱼类是较早出现的。泥盆纪以前，在其他脊椎动物还没有出现的时候，鱼类已经诞生繁衍。泥盆纪时期的主要生物物种是鱼类，所以这个时期又被称为"鱼的时代"。鱼类化石是比较常见的化石，中国内陆地区的很多鱼化石都是淡水鱼化石。

鱼类化石的成因

关于鱼化石的形成，宋代已经有了科学的解释。火山爆发后，鱼体被火山灰压入湖底，窒息而死，由于火山灰的覆盖，与空气隔绝，不会腐烂，久而久之，就印刻在火山灰上了。

相对来说，早期的原始鱼类以及晚古生代和三叠纪的低等鱼类化石比较少，完整的化石更是少之又少，所以这类化石较为珍贵。到了侏罗纪，高等硬骨鱼类，即真骨鱼类开始出现，并且迅速繁盛起来，成为了白垩纪和新生代鱼类的主要代表。鱼类化石主要保存在砂岩、粉砂岩中。

鱼类化石

鱼类化石

鱼类化石的产地

在中国，鱼类化石大多数都分布在湖南省湘乡县和山东省莱阳县。在陕西省眉县、米脂县，湖北省西陵地区和甘肃省华亭县等地区也有鱼化石被发掘。

普通鱼类化石具有很强的观赏性，但是收藏价值并不高，其科研价值远远大于收藏价值。

鱼类化石的特点

鱼类化石在自然界中较多，但是大型的鱼类化石很难得。硬骨鱼类化石比较丰富，产地较广，北方的狼鳍鱼，贵州的中华真鳄鱼，鄂西、赣北的江汉鱼和临江鱼等化石，都为艺术家创作石艺作品开辟了广阔的天地。

第二章 大自然的馈赠——奇石的品种

狼鳍鱼化石体形很小，只有5—12厘米，眼大，背鳍位置靠后，具有正形尾，主要产于辽宁、河北、山东和甘肃等地区的浅色页岩中。狼鳍鱼化石有的是条条成群，条数不多时，鱼的形体更显自然。艺术家根据石片上鱼的自然形态，进行了艺术加工和装饰，并配置了与内容相关的精美底座，创作出一件件内容丰富、栩栩如生的生物化石石艺作品。

辽宁对鱼化石

完整的河蚌化石

燕子石

石燕是一种生活在 4.5 亿年前的海底无脊椎动物，属于腕足类，其外形与展翅飞翔的燕子相似，所以被古人称为"石燕"。燕子石具有很高的科研价值和观赏价值，学名叫三叶虫化石。

燕子石的成因

三叶虫生成于距今约 5 亿年前的古生代寒武纪，至中生代开始消亡，是统治海洋达 3 亿年之久的海栖古生物。

三叶虫死亡后，沉入海底，埋在泥沙里，随着时间的推移，尸体随着泥沙的沉积逐渐被埋在地球深处，由于压力大，温度高，逐渐变成了一层岩石，慢慢地形成了化石。

三叶虫化石

第二章 大自然的馈赠——奇石的品种

燕子石的产地

在中国，燕子石的产地有很多，大多数都集中在南方。其中，最早记载的也最有名的是湖南省的祁阳县、零陵县，此地所产的燕子石曾经被作为贡品进奉朝廷。

燕子石的特点

三叶虫头盖呈梯形，边缘有多对刺，两侧的一对最长，尾部形似蝙蝠。因为全身纵横各分为三节，所以叫三叶虫。亚洲晚寒武纪早期的标准化石是三叶虫化石，山东泰安大汶口产的最著名，完整的三叶虫化石很稀有。燕子石保留了三叶虫瞬间的动人的姿态，如同穿柳春燕，因此被人们形象地称为"燕子石"。石头上的三叶虫形体清晰，如浮雕般凝于岩板层面，质地温润，色泽古雅，富有天趣。

名称：燕飞福至
石种：燕子石
尺寸：5cm×3cm×12cm

震旦角石

燕子石通常单个风化散落山野,也有多个化石簇生一团的现象,非常具有观赏价值。三叶石的形状和大小与中小号的菱角相似。由背、腹两壳组成,腹壳具鸟嘴状尖喙,中央有凹下的腹中槽,全壳都布满自喙散出的壳线,两壳相连绞合线直而长。

■ 震旦角石

震旦角石是一种海生无脊椎软体动物化石,因为石形像宝塔、竹笋,所以民间俗称为"宝塔石""震邪石""发财石"或被误称为"竹笋化石"。震旦角石常常被作为贵重礼品馈赠亲朋好友,寓意消灾驱邪,事业、生意兴旺发达。与此同时,震旦角石还具有很好的学术价值,备受学术界的青睐。

震旦角石的产地

震旦角石是中国奥陶纪的重要化石之一,其主要的产地在鄂西、湘西北一带的中奥陶纪浅绿灰色或者紫红色具泥裂纹的不纯灰岩中。根据目前所了解,震旦角石仅产于中国,是中国特有的化石之一,"震旦"即为古印度人对中国的称谓。

震旦角石的种类

在中国,角石化石资源非常丰富,南方与北方各有不同的代表性属种。南方奥陶纪地层中的盘角石、米契林角石、震旦角石是代表性属种;北方奥陶纪地层中的灰角石、阿门角石、鄂尔多斯角石是代表性属种。

名称: 青云直上
石种:震旦角石
尺寸:16cm×4cm×22cm

阿门角石

震旦角石的特点

震旦角石一般为20—50厘米,最大的长达100厘米。震旦角石的壳体呈现尖而窄的直长圆锥形,表面具波状横纹,当纵向剖开的时候会看到指向壳体尖端的漏斗状隔壁和体管。沿着完整壳体中央的纵向切面自然风化,并显露其内部构造的,就是震旦角石的佳品。而横向的剖面图就像一幅太极图,所以古时候震旦角石又被称为"太极石"。

大自然的馈赠——奇石的品种

印石

印石质地温润，色彩雅丽，软硬适中，易雕刻。常被用于印章制作或者雕刻各种工艺品的原材。其主要矿物成分有叶蜡石、地开石、高岭石，另外还含有高岭土、伊利石、红柱石、石英等。

印石品种繁多，最为著名的是福州的寿山石、浙江的青田石和昌化石、内蒙古的巴林石。寿山田黄石、青田灯光冻和昌化鸡血石被称为"印石三宝"。

■ 寿山石

寿山石又叫"塔石"，是中国传统的四大印章石之首，中国著名的石雕艺术——寿山石雕就是由寿山石衍生而来的。寿山石因产于福建省福州市晋安寿山村而得名。寿山石属于叶蜡石类铝硅酸盐，质地细腻，温润可爱。

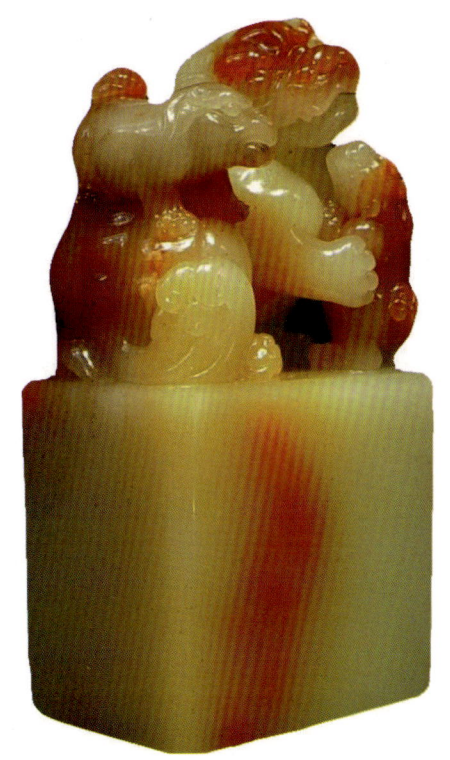

印石

寿山石的成因

寿山石是一种隐晶质块状矿石,是长石类矿物被酸性火山岩侵蚀后发生质变的产物,其矿物成分以地开石、高岭石为主,叶蜡石次之。

寿山石的特点

寿山石是进行石雕创作的上等原料,也是中国传统印石的主要材料。寿山石摩氏硬度比较低,约在 2—2.5 度之间,质地润泽、温润如玉、色彩斑斓、晶莹剔透,深受藏石家的喜爱。

寿山石衍生出来的石雕艺术——寿山石雕表现技法主要有圆雕、矮雕、浮雕、印纽、镂空、薄意和镶嵌等。根据石料的形状、色彩等特点进行构思,使精湛的工艺和寿山石的自然色相融为一体。

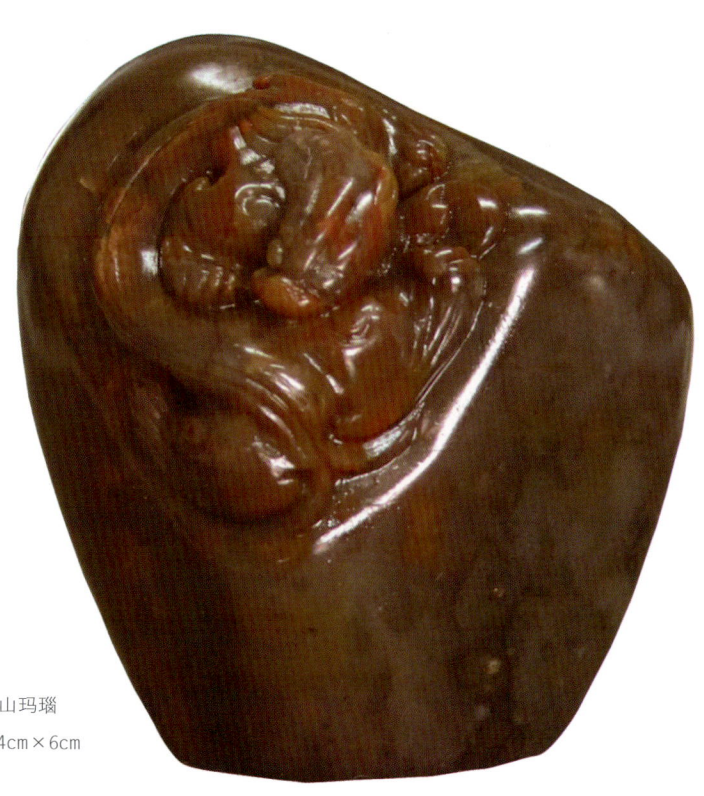

名称:瑞兽
石种:寿山石高山玛瑙
尺寸:4.5cm×4cm×6cm

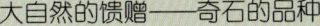

第三章 大自然的馈赠——奇石的品种

名称：八仙过海
石种：寿山石
尺寸：37cm×7cm×24cm

寿山石的种类

福州市北郊与连江、罗源交界处的"金三角"地带是寿山石产地的主要分布区，其矿区开采比较早，已经有1500年的采掘历史，矿石品种繁多，达到百数十种。寿山石因产地不同可以分为田坑石、水坑石和山坑石三种，分别指产于水田、山涧、山头的矿石。

一、田坑石

田坑石是产于寿山溪旁水田底的寿山石。按照色泽分类，一般可以分为田黄石、红田石、白田石、灰田石、黑田石、花田石、硬田石、溪管田石、搁溜田石。其中，黄色的田坑石称"田黄石"，"熟透"的田黄冻是寿山石中的极品。另外，牛蛋黄田石、寺坪田石、溪蛋田石、芦荫田石等与田坑石类十分相像，所以在分类的时候也将它们列入田坑石中。

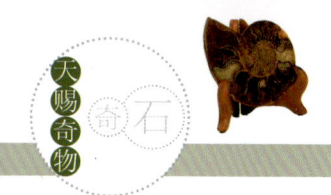

　　田坑石产地可以分为上坂、中坂和下坂三个地段。靠寿山溪上游的地区叫上坂，由于上游水源比较好，出产的田坑石石质通透，颜色微黄，光泽明亮；位于寿山溪中间部分的叫中坂，产出的田坑石石质温润清亮，色泽浓重，石中的萝卜纹清晰；坑尾一带是下坂，缺乏冲水性，石质透明度低，大多数是桐油色、暗赭色，纹理比较粗。

　　田黄石有广义和狭义之分：广义的田黄石是指"田坑石"，狭义的田黄石是指田坑石中的黄色石头。田坑石中最常见最具代表性的是田黄石，田黄石外形多呈卵石状，没有明显的棱角，石皮微透明，具有油脂光泽，细腻润滑，在紫外灯下，发的是乳白色荧光。通常来说，除了少数田黄石外表无石皮外，通常都有皮层包裹，或厚或薄，或全裹，或稀疏挂皮，形态变幻无常，颜色由表皮向里层逐渐转淡，乃至泛白。这种色彩的变化规律在块头大的田黄石上尤为明显。

名称： 寿山田黄石
石种：寿山石
尺寸：5cm×3cm×10cm

第二章

大自然的馈赠——奇石的品种

名称： 貔貅把件
石种： 寿山马背石
尺寸： 7cm×2.3cm×3cm

　　田黄石又可以细分为田黄冻石、金裹银田石、枇杷黄田石、橘皮黄田石、黄金黄田石、熟栗黄田石、桐油黄田石、桂花黄田石。其中，田黄冻石是一种极其通透、澄澈的石头，色如碎蛋黄，十分稀少；黄金黄田石、橘皮黄田石为上品；枇杷黄、桂花黄次之；桐油黄是下品。田黄冻石、金裹银、橘皮红、黄金黄、枇杷黄、桂花黄等大多产于中坂。

　　在田坑石中，较为珍贵的有以下几种：

1. 红田石

　　红田石是田坑石中的珍品，又名橘皮红田石，其色红中略带橙黄，如同熟透的橘子皮，鲜艳通明，极罕见质洁色纯者。其色不是天然所固有的，而是烧草积肥等人为原因，使土层中埋藏的田黄石受到高温影响，表皮二氧化铁发生化学变化，形成红色层。

名称：乌鸦皮田黄石
石种：寿山田黄石
尺寸：6cm×4.5cm×8.5cm

2. 白田石

白田石指的是产于上、中坂的色白田坑石，质地细腻，微透明，石色有的是纯白，有的白中透着淡黄色或淡青色。有一种外裹黄色层、内为白色的白田石俗称"金裹银"，产量极其少，十分罕见。白田石似羊脂玉，萝卜纹明显，有红筋，格纹如血缕，石皮温润，越往里层颜色越淡而纹理越明显。石品以通灵、纹细、少格者为佳，质地与优质田黄石不相上下。

3. 灰田石

灰田石是田坑石中色呈浅灰或深灰者，石质通灵透明，萝卜纹清晰可见，大多数都有黑点掺杂于其中，而且泛赭黄色。

4. 黑田石

黑田石指的是颜色纯黑或黑中带赭黄的田坑石，其石质细嫩，富有光泽，肌理的萝卜纹多呈流水状，大多数都产于下坂及铁头岭一带。乌鸦皮田石和蛤蟆皮田石是黑田石中名贵的品种，这两类田石因其石皮像乌鸦色和蛤蟆皮肤而得名。

5. 花田石

花田石又称为"五彩田黄石",指的是红、黄、青等杂色相间的田石,具有田坑石的石皮和萝卜纹,但是色彩更为缤纷。

二、水坑石

水坑石又称为坑头石,指的是产于寿山村东南的坑头山麓矿脉中的寿山石,水坑石是寿山石中各种晶冻石的荟萃,水晶冻、黄冻、天蓝冻、鱼脑冻、牛角冻、鳝鱼冻、环冻、坑头冻及掘性坑头等是水坑石的主要品种,色泽多黄、白、灰、蓝诸色。

水坑石深藏于终年积水的坑洞之中,其主要产地是坑头洞和水晶洞两个矿洞。由于水晶和坑头两洞所处位置山势险峻,终年积水,加上矿层稀薄,所以产石具有"产区小""产量小""块头小"的三小特点,多数已经绝产,故而十分名贵,石质佳者更是罕见。

水坑石产地的地下水非常丰富,矿石长期受地下水的浸泡、侵蚀,因而透明度较好,凝腻而富有光泽。品质不如田坑石,却胜于山坑石。

名称:一点红
石种:寿山水坑石
尺寸:2.3cm×2.3cm×10.5cm

三、山坑石

山坑石是寿山石的一大类，种类繁多复杂，开采历史悠久。除了田坑、水坑之外，各山系矿洞所产的寿山石材统称为山坑石。山坑石主要产于寿山、月洋两个山村，高山各洞所产的矿石，洞洞有特色，色彩有变化，石质有优劣，根据色泽、纹理和质地的不同特征而取名。

山坑石的分类方式有很多，常用的方法是将其分为高山石类、都灵坑类、月尾石类等。此外还可以根据矿脉分为高山矿脉、都灵坑矿脉、善伯洞矿脉、旗降山矿脉、加良山矿脉。

高山石大多数产于寿山村南面的高山峰，高山矿脉是高山石的主要产地，一共有三十多种。高山石颜色丰富艳丽，色泽呈规则分布，通澈透明。高山矿脉的寿山石石种最多，藏量最大，开采最早，质地洁净。

都灵坑矿脉是高山东北两千米处都灵山涧中的一个矿脉，又被称为杜陵坑。都灵坑矿脉产出的寿山石结晶性比较强，透明度高，质地坚硬，肌理常有并列的弯曲条纹，常有灰色的石皮或色斑。

名称：金鸡报晓
石种：寿山高山石
尺寸：33cm×3.5 cm×18cm

大自然的馈赠——奇石的品种

名称：渔翁得利
石种：寿山都灵石
尺寸：12cm×4cm×8cm

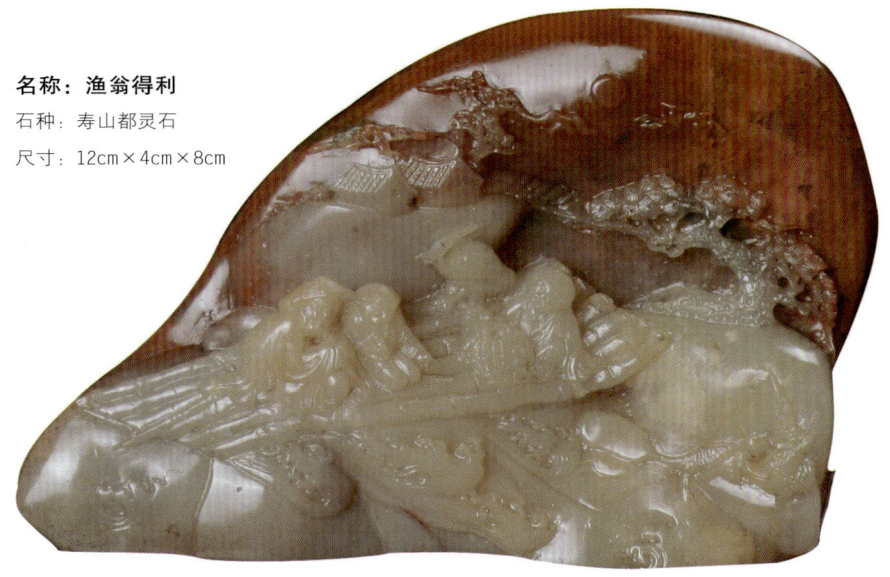

在寿山村东南面、都灵山临溪处，与都灵坑山隔溪相望，同月尾山相邻的是善伯洞矿脉。其之所以叫善伯洞，是因为相传清咸丰、同治年间，石农善伯在此采石，洞塌身亡，后人在此得到色泽绝佳的寿山石。善伯洞石外观特征与都灵坑矿脉各品种相接近，质地晶莹、蜡性较强，为半透明或微透明状，富有光泽。色彩丰富，有黄、红、灰、白、紫、黑等色。单色或者多色交融，色界非常分明。善伯洞开采历史已有百余年，每个时期出产的石质多不相同，根据开采时间不同可以分为老性善伯、新性善伯、善伯尾三种品目。

在猴柴磹山东面的旗降山原名奇良山，山坑类中的一个著名的寿山石产地旗降山矿脉位于此。这里所产石质地坚实纯洁，色彩艳丽，富有光泽，且多为数色相间，各色之间界限分明，深得藏家喜欢。旗降石共有9个品种，常以色相来细分。

在寿山村东南方的加良山又叫月洋山，以其为中心的周围山峰是著名的寿山石矿脉，叫加良山矿脉，所产矿石属月洋系石。月洋系石现在已经开采出了芙蓉石和峨眉石两大类，一共15个寿山石品种，最有名的是芙蓉石。芙蓉石石质细嫩，以纯洁藕尖白者最为珍贵。

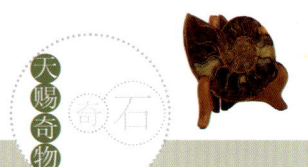

昌化鸡血石原石

昌化鸡血石

昌化鸡血石是中国四大印石之一，是中国独有的珍贵玉品种，目前的工艺用途主要是制作印章、雕刻工艺品和原石欣赏。昌化鸡血石产于浙江省临安市昌化玉岩山，颜色艳如鸡血，石质温润似玉，因含朱红色辰砂而呈现鸡血色，形状为块状，色块为斑状或水滴状。

昌化鸡血石的成因

鸡血石是辰砂条带的地开石，产于低温热液矿床、火山岩或热泉沉积矿辰砂条带的头尾及边缘地带，形成于侏罗纪后期的流纹凝灰岩中，主要矿物成分为辰砂、方解石、辉锑矿、石英、高岭石、地开石、白云石等，辰砂在高岭石和地开石间不断渗透产生了血色，产量极其稀少。

昌化鸡血石的特点

鸡血石质地细腻，结构紧密，具有韧性，受刀不崩。鸡血石的品质高低是以其血色、质地的优劣来区分的。

颜色、血形、血量、浓度是鸡血石血色的四个鉴赏标准。上品颜色是鲜红，大红次之，暗红最差。血形分为块血、条血、梅花血及点血，血形奇特的是上品。血量指的是鸡血部分与成品石质的百分比，血量比重大于30%的为高档品，大

大自然的馈赠——奇石的品种

于 50% 的为珍品，大于 70% 的是绝品。浓度指的是红色的聚散程度，可以分为浓、清、散三级，浓血贵，清血次之，散血最差。

石质、石色、光泽度、透明度、摩氏硬度是鸡血石质地的五个鉴赏标准。石质指的是石头的品类，有冻石、普通石、炼石之分，最贵的是冻石，普通石和炼石稍次。石色大多数为单色或多色共生，石色细腻、纯净的为佳品。光泽指的是鸡血石表面的蜡状光泽，光泽强弱是鉴定质地优劣的重要标准之一，越有光泽的，品质越好。透明度分为半透明、微透明、不透明三级，透明程度越高，品质越好。摩氏硬度越小越佳，2 度左右的冻石是上品，2—3 度者是佳品。

昌化鸡血石的种类

按照色泽、透明度、光泽度和硬度，昌化鸡血石可以分为冻地鸡血石、软地鸡血石、刚地鸡血石和硬地鸡血石四大类，共有一百多个小类。

1. 冻地鸡血石

冻地鸡血石是从古至今制作印石、石雕的主要石材，此类石种很多用于雕刻精品。冻地鸡血石的成分是辰砂、地开石、高岭石，摩氏硬度为 2—3 度，具有蜡样光泽，呈微透明、透明状，是昌化鸡血石中最名贵的品种。冻地鸡血石有很多品种，主要有牛角冻、田黄冻、肉糕冻、玛瑙冻、羊脂冻、玻璃冻、芙蓉冻等。

名称： 钟馗嫁妹
石种：昌化鸡血石
尺寸：13cm×7.5cm×30cm

2. 软地鸡血石

软地鸡血石是昌化鸡血石中最常见的一类，产量占昌化鸡血石总产量的一半以上。是由辰砂、地开石、高岭石和少量明矾石、石英细粒组成的，摩氏硬度为3—4度，具有中度蜡样光泽，呈不透明或微透明状。质地较软，多姿多彩，不同血色、血形和色彩相互组合形成各类精美的图纹是软地鸡血石的主要特点。其品种也有很多，主要有黑旋风、瓦灰地、桃红地、朱砂地、酱色地、巧石地、黄玉、白玉、花玉、青玉、板纹等。

3. 刚地鸡血石

辰砂与弱或强硅化的地开石、高岭石、明矾石、硅质成分及微细粒石英的集合体组成了刚地鸡血石，根据硅化程度的强弱可以分为软刚地鸡血石和硬刚地鸡血石。软刚地鸡血石硅化程度低，摩氏硬度为3—5.5度，石质脆，质地细润，有玉肌感，呈微透明或透明状。受热、受震的时候极容易破裂。硬刚地鸡血石摩氏硬度大于5.5度，石质坚硬，以褐黄色、淡红色为主，不适宜雕刻。刚地鸡血石可以分为刚灰地、刚褐地、刚白地、刚粉红地。

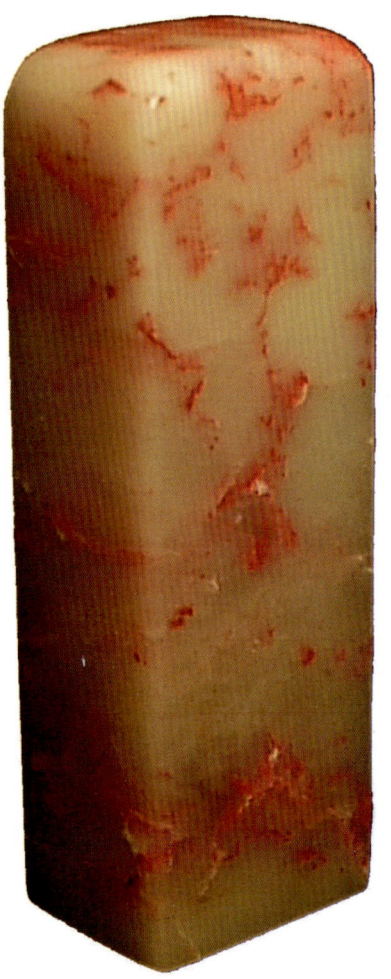

名称： 印章

石种：昌化鸡血羊脂冻

尺寸：2cm×2cm×7cm

4. 硬地鸡血石

硬地鸡血石俗称"硬货",是鸡血石中品质最差的一类。硬地鸡血石摩氏硬度在6度以上,是由辰砂、硅化凝灰岩组成的,主要成分是二氧化硅。硬地鸡血石不透明,干涩缺少光泽,质地和颜色都比较单一,主要以灰色、白色为主。主要品种有硬灰地、硬黄地、硬黑地、硬褐地。

如何辨别真伪昌化鸡血石

近年来,昌化鸡血石产量日渐减少,收藏价值越来越高,经济价值不断攀升,因此出现了很多仿品、伪品,使得鸡血石收藏市场鱼龙混杂,许多收藏家上当受骗。我们了解了昌化鸡血石的作伪方法,有利于识别鸡血石的真伪。鸡血石的作伪方法有镶嵌法、浸渍法、切片贴皮法、添补法等。

1. 镶嵌法

在昌化石上有选择地挖几个小坑,然后嵌入硫化汞,阴干、打蜡,这样的作伪方法叫镶嵌法。运用这种方法制出的鸡血石缺乏层次感,血块和石料的交接处没有过渡色,显得生硬。

名称:红红火火
石种:昌化鸡血石
尺寸:18cm×9cm×20cm

青田石原石

2. 浸渍法

在昌化石上反复涂抹硫化汞，形成有层次感的血色，再用树脂浸渍，这样的作伪方法叫浸渍法。运用这种方法做成的假石，表皮会泛黄，通过放大镜能够观察到细小的孔眼。

3. 切片贴皮法

切片贴皮法适用于方形鸡血石，是专用的作假方法。即用切割机将石头的各个平面切下薄薄的一层，再往切开的石头上涂抹硫化汞，然后将切下的薄层用胶水粘贴回去，经过修整就完成了。运用这种方法制作的假石各个平面的血色显得非常不自然。

4. 添补法

添补法指的是在真鸡血石上涂抹硫化汞，并用树脂浸渍，再打磨成型的方法。因为这类伪品是在真鸡血石的基础上作假，所以十分逼真，具有很强的欺骗性。收藏者在购买的时候需要仔细观察石头的外形、肌理、色块是否自然，线条是否流畅。

大自然的馈赠——奇石的品种

■ 青田石

青田石是中国传统雕刻、印石的精品石材之一，是中国"四大印章石"之一，易于雕刻，深得篆刻金石家的喜爱。青田石因产于浙江省青田县山口镇而得名，是叶蜡石的一种，成分主要有叶蜡石和石英。

青田石的产地

晚侏罗纪到白垩纪时期是青田石的成矿年代，青田石的主要矿点有：山口区的方山、山炮、山口、塘古，北山区的岭头、白岩、季山、周村、石门头，石山区的下堡、方山一带山口的叶蜡石储量是最大的。

青田石的特点

青田石质地细腻均匀，软硬适中，花纹奇特，属于叶蜡石类，显蜡状，呈透明、半透明、无透明状，具有很好的雕刻性。青田石具有"六相"，纯、净、正、鲜、透、灵。这"六相"既是赏石标准，又是鉴别上好石品的标准。

青田石常夹杂于坚石之中，很少出现大块，其石质十分细密，摩氏硬度为2.5—3度，色彩丰富，包括白、黄、绿、青、黑等。受地质作用的影响，石中各种矿物色素相互浸染、压固、胶结，形成各类奇特花纹，增加了青田石的艺术价值。

名称： 鹏程万月里
石种：青田奇纹石
尺寸：（左）2.5cm×2.5cm×8cm
（右）2.5cm×2.5cm×9.5cm

名称：鸿运当头　　　　　名称：瑞兽呈祥　　　　　名称：金鸡报喜

石种：青田灯光冻　　　　石种：青田封门青　　　　石种：青田石榴红

尺寸：3.5cm×3.5cm×11cm　尺寸：3cm×3cm×8.5cm　尺寸：2cm×2cm×7.5cm

青田石的种类

青田石种类繁多，金石学界对青田石种类的划分还未达成共识，通常可以按照其颜色、石质、透明度、纹理等划分为普通青田石和青田冻石以及所属的百余个品种。冻石类是青田石中的佳品，以灯光冻、封门青、五彩冻等最为名贵。此外，黄金耀、金玉冻、红青田、夹板冻等也是比较珍贵的品种。

1. 灯光冻

灯光冻又叫灯明石、灯光石、灯光，产于山口封门、旦洪和方山白垟一带，在灯照下呈红黄色或微黄色。此石细腻温润，色泽鲜明，纯净透亮，富有光泽。

2. 封门青

封门青又叫凤凰青、青冻，因为产于封门山而得名。其石质细腻，呈微透明或半透明状，青绿色深浅不一，肌理常有白色或浅黄色线纹。封门青不坚不燥，易于动刀，是印雕和石雕的良材。

大自然的馈赠——奇石的品种

3. 五彩冻石

五彩冻石石质细腻，呈半透明或透明状，颜色丰富多样，是青田石名品之一，因其五彩斑斓的颜色而得名。上品为质地细腻、颜色柔和不乱者。

青田石的保养

由于青田石温润细嫩，所以储存保护时应该避免阳光直射、高温环境和风吹，否则石体会褪色、出现裂纹。灰尘中含有细小颗粒，沉积多了会损害石体，为了方便观赏可以将石体放于玻璃橱内。

青田石属于叶蜡石，光泽度高，保养十分简单，多采用封蜡法。即用电吹风将石头加热，在石体上涂一层蜡，冷却后用毛巾或软面布擦亮。经这样保养的青田石，色泽和亮度可以长久保持。

■ 巴林石

巴林石因产于内蒙古自治区赤峰市的巴林右旗而得名，是一种鸡血状叶蜡石，与寿山石、青田石、昌化鸡血石并称为"中国四大印石"，在其中最为年轻。巴林石在一千多年以前被发现，并被称为"天赐之石"。1978年，正式命名为中国巴林石。

巴林石的成因

巴林石矿位于巴林右旗大板镇西北。巴林石是富含硅、铝元素的流纹岩，是受到火山热液蚀变作用而发生高岭石化形成的。成矿晚期，一些硫化物和其他矿物质沿高岭石的裂隙贯穿，斑布、浸染石上，造就了巴林石丰富的色彩。

名称：鱼戏莲叶
石种：巴林冻石
尺寸：3.5cm×3.5cm×14.5cm

巴林石的特点

巴林石属于叶蜡石，颜色柔和，石质细润，透明度高。巴林石是集"寿山田黄石"之尊，融"昌化鸡血石"之艳，蕴"青田封门青石"之雅的精品印石，其具有四个特点：

（1）质地纯净，色彩丰富艳丽，晶莹剔透。巴林石的石质坚纤细密，色泽晶莹，色彩丰富，有朱红色、橙色、黄色、绿色、蓝色等。巴林石有不透明、微透明、透明之分，大多数都有浑浊雾团状痕迹。透明的巴林石有蜡状光泽、丝绢光泽、珍珠光泽和凝脂光泽。

（2）种类齐全，品种繁多。巴林石品种十分丰富，以白色石材居多，此外还有水晶冻、鱼脑冻、桃花冻、芙蓉冻、羊脂冻、彩霞冻等一百多个小品种。

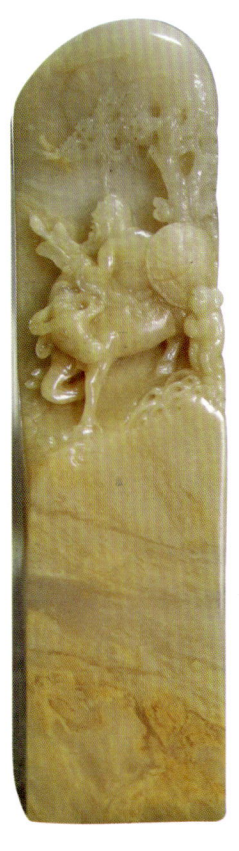

名称：老子出关

石种：巴林黄冻

尺寸：3.8cm×3.8cm×15.3cm

大自然的馈赠——奇石的品种

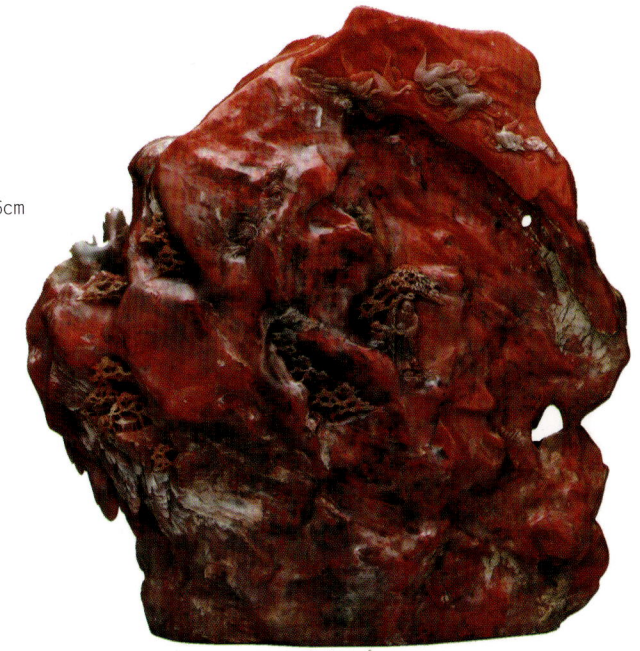

名称：霞游仙境
石种：巴林鸡血石
尺寸：18cm×9cm×16cm

（3）硬度适中，易于雕琢。相对于寿山石、青田石、昌化石，巴林石的硬度比较低，是良好的雕刻石料，宜于制印或雕刻精细工艺品。

（4）资源丰富。巴林石因为进行规模化的开采时间非常短，所以目前储量远大于寿山石、青田石、昌化石等传统印石。如果采取限量开采，进行科学管理，巴林石资源开采可以延续数百年。

巴林石的种类

通常情况下，巴林石可以按照石色、石质以及石性分为巴林鸡血石、巴林福黄石、巴林冻石和巴林彩石。它们分别有不同的颜色，多呈不透明或微透明状。

1. 巴林鸡血石

巴林鸡血石是巴林石中的极品，素有"草原瑰宝"的美誉。其石质温润坚实，软硬适中，宜于镌刻。石上有如斑斑血迹的红色矿物质分布，聚散有致，像红霞映月，色彩对比强烈，光彩夺目。

2. 巴林福黄石

巴林福黄石与寿山田黄石并称为"姐妹石",在金石界素有"一寸福黄三寸金"的说法。福黄石石质温润柔和,坚而不脆,色泽纯黄无瑕,通明清晰,似凝脂玉肤,集细、洁、润、腻、温、凝六大要素于一身。

3. 巴林彩石

巴林彩石以色彩和纹理见长,色彩丰富,绚丽多姿,纹理美丽奇妙,常常形成水草松枝等天然画面。国内只有巴林石盛产彩石,所以非常罕见。

4. 巴林冻石

巴林冻石石质细润,质地细洁,石肌中渗有云霞状红色纹理,变化无穷,犹如旭日喷薄或红霞漫天的水彩画,展现了大自然的奥妙景象。

名称:钟馗

石种:巴林冻石

尺寸:3.5cm×3.5cm×13.5cm

第四章

优劣与真伪——
奇石鉴别方法

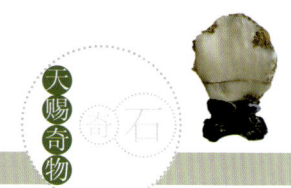

品评奇石的一般标准

奇石种类繁多、质量不一，加上评估者具有各自不同的审美观，所以对同一奇石就会有不同的评价。不过对于奇石的品评，还是有着主要的标准，我们对一方理想的奇石评价通常是：天然完整的石体、奇特醒目的造型、鲜明丰富的颜色、温润或苍劲的色泽、清晰别致的纹理，整体看起来有一种深远的韵味。只有具备了上述的标准，才能称为奇石。

■ 从石质上鉴赏

根据奇石原石的材质不同，奇石石质可以分为硅质、石灰质、泥质等种类。根据奇石原石的成因，奇石石质可以分为沉积岩质、变质岩质、火山岩质、陨石质等种类。对奇石石质的鉴赏，可以从硬度、质感、光泽、密度等方面进行。如果内质坚硬，石表有质感，或粗犷，或细腻，这样的石头就是一方好的奇石。

名称：鼎
石种：大化石
尺寸：21cm×14cm×36cm

第四章
优劣与真伪——奇石鉴别方法

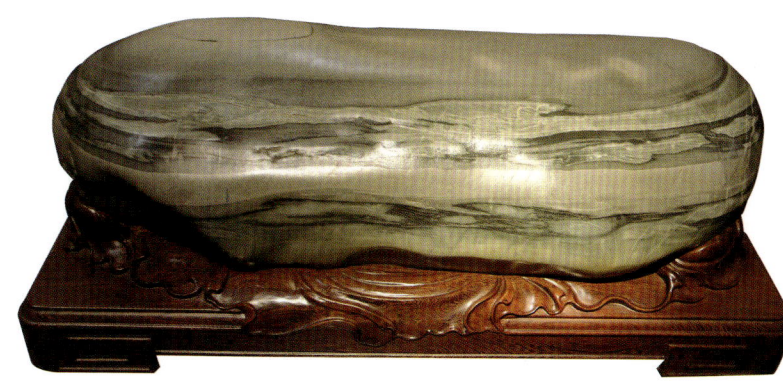

名称：高枕无忧
石种：三江卵石
尺寸：50cm×12cm×15cm

奇石的硬度一般在 4 度以上，硬度越高，质地越细腻。不过奇石需要适当的硬度，不是硬度越高越好，过硬缺乏情韵，过软则容易脆碎、风化。

■ 从石形上鉴赏

奇石因为自然造化而形成的天然形状被称为石形。

有些奇石的石形具有一种抽象意味；有些奇石不需要雕刻，天然就与某类具体物品相似。

石形完整，没有残缺破损，造型富有韵味的石头就是理想的奇石。鉴赏奇石的时候，需要辨别石体是否有黏合的痕迹。具象造型石需要逼真清晰，抽象造型石需要一种意蕴。

■ 从石色上鉴赏

石色指的是奇石所具有的天然光、色彩。

一般来说，色泽纯正的是较为贵重的奇石。但是根据奇石种类的不同，石色的标准也不同。具象和抽象石类的色彩以沉着古朴的色系为佳，如果一方奇石色泽单纯或者出现多重色彩巧妙搭配，也有可能是上品。

■ 从石纹上鉴赏

石纹指的是奇石表面天然形成的纹理或褶皱。

奇石的各种花纹是在成岩时期受矿液浸染而形成的。形成奇石图案的重要元素是纹理,特别是对图案石来说,纹理美观耐看,搭配合理是评价图案石的重要指标。好的奇石必须是脉络清晰、线条流畅。

■ 从石意上鉴赏

奇石以形、质、色、纹、声综合表现意境和气韵。中国赏石文化受儒家思想影响,主张以德赏石,赏石修德,通过赏石,学习石头的表里如一和质朴诚实。此外道家思想对自然的崇尚,对意境的追求也被后人运用到奇石的陈列和养护中。

■ 从石音上鉴赏

某些石头在敲击之后会发出悦耳的声音,比如在先秦时代被用来制作乐器的灵璧石。不过这只是某些石头的特性,这些石头的审美和收藏价值也会相应增加。

■ 运用科学方法鉴赏

目前,收藏者能够通过科学技术来鉴定奇石,鉴定方法包括成分分析、硬度测试、密度测试、结构构造观察等。

不同种类的奇石具有不同 V 的化学成分,可以通过成分分析来判断奇石的质地组成。奇石致密而光润,硬度适中,密度较高。形成奇石的三大岩类绝大多数摩氏硬度不超过 7 度。

名称：镜花缘
石种：灵璧白灵石
尺寸：22cm×12cm×20cm

不同类型奇石的鉴赏标准

不同类型的奇石有其相应的评价标准，收藏者在鉴评奇石的时候应该严格遵守相关的标准，结合自身的经验，判别奇石的价值。这些评价标准可以为收藏和投资提供帮助。

■ 造型石

对造型石的鉴评除了用一般的标准之外，还可以遵循"瘦、皱、漏、透、丑"的赏石标准。"瘦"指的是石体精瘦，坚硬苗条，气势磅礴；"皱"指的是石体表面凹凸不平，纹路密布；"漏"指的是石身洞眼遍布；"透"指的是多孔多洞；"丑"指的是造型石的外形丑。只要能够具备上述的两个标准，那方奇石就属于上等佳品了。如果五项都具备，那就是神品。造型石还有一个共同的要求就是命名贴切、配座切题。

纹理石

鉴评纹理石需要综合图形、构图、色差、石质、石肤、品相等几个方面。纹理石的画面形象，色调丰富，纹理清晰。构图要求简洁，无干扰画面的杂纹色。色差要求图案的色彩与石头的底色反差大，色彩要饱满，这样才能给人比较深刻的印象。石质需要一定的硬度，硬度不够不易保存和收藏。石肤要求无破损无打磨，自然光洁。品相要求无裂痕，饱满端庄。

在纹理石的这六个鉴评元素中，石质、石肤和品相是最基本的鉴评条件，图形、色差和构图是更高级的评判标准。

名称： 高山流水
石种：乌江石
尺寸：28cm×13cm×34cm

第四章

优劣与真伪——奇石鉴别方法

名称：春山新雨
石种：大化石
尺寸：30cm×21cm×18cm

■ 矿物晶体石

鉴评矿物晶体主要从色泽、透明度、光泽度、稀有性和晶体形态等五个方面着手。

色泽指的是矿物晶体的光泽和颜色。以颜色艳丽、纯净、润泽为佳；多色要求组合自然，对比协调。这样的搭配能够增加赏石的乐趣，给人美的享受。透明度指的是矿物晶体容许可见光透过的程度，分为透明、半透明和不透明三级。一般来说，透明或者半透明矿物晶体更具有观赏性。光泽度指的是矿物晶体表面对可见光反射的能力。一般来说，光泽越强的矿物晶体观赏价值越高。稀有性指的是矿物晶体的稀缺程度，通常情况下，越稀有的越有观赏和收藏价值。晶体形态指的是矿物晶体单晶晶形和集合体的整体形态，单晶要求越完整越好，集合体要求布局合理，完整性好。

■ 化石

因为化石具备保存、鉴赏、科研价值，并且可以作为商品流通。所以，一直都有假冒的现象。鉴评化石需要从形态、意韵、质地和色泽入手。要求体态丰满，保存完整；生态背景和生存活动迹象鲜明；石化实体致密坚硬；存有原生物体颜色。化石是鉴定和对比地层、了解地球历史的重要依据，是研究动物与人类起源的珍贵材料。这类奇石不具备再生能力，所以具有珍贵的收藏意义。

判定精品奇石的要素

精品奇石与普通奇石存在着一些区别，成为精品奇石的前提条件在于原石不能有任何人工雕琢或人为改动；其次以"石之六维"的标准从石形、石意、石气、石质、石艺和石德六个方面作为评判基础。如果能够满足其中的三点，就是"精品奇石"，如果能够同时满足六点，就可以说是"极品奇石"。

"石之六维"包括"稀""奇""尊""贵""美""名"。

"稀"指的是不常见的，彰显石形的巧妙；"奇"指的是特殊的，出人意料的，彰显石意；"尊"指的是品位和灵气，彰显尊享的石气；"贵"指的是高贵的，值得看重的，彰显高贵的石质；"美"指的是质朴的，彰显大雅的石艺；"名"指的是有名誉的，彰显有价值的石德。

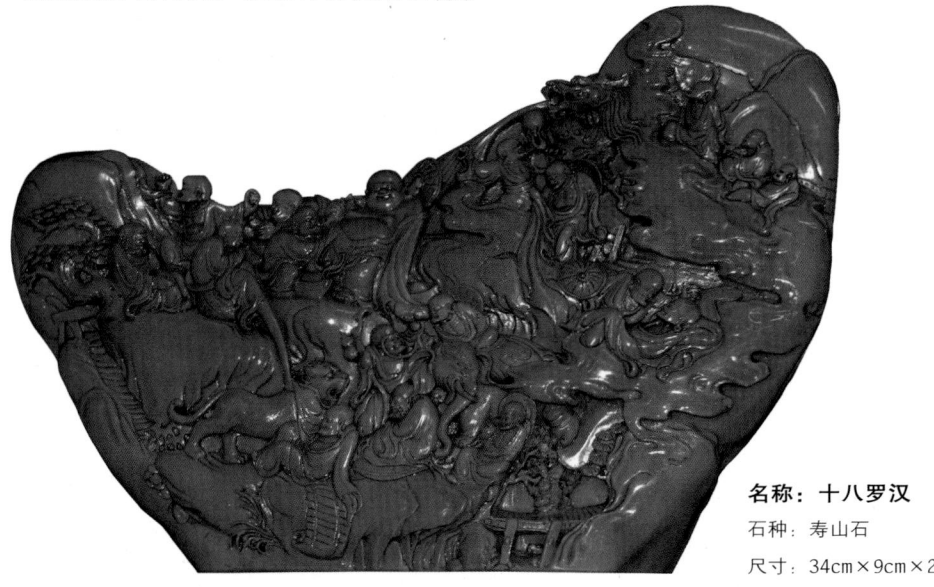

名称：十八罗汉
石种：寿山石
尺寸：34cm×9cm×27cm

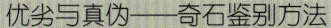

优劣与真伪——奇石鉴别方法

名称：世外桃源

石种：武陵国画石

尺寸：55cm×20cm×36cm

辨别造假奇石的方法

石头本无所谓真假，但是奇石具有观赏、收藏、流传价值，可以作为商品流通，因此现在存在很多仿造奇石以牟取暴利的问题。奇石市场鱼龙混杂，社会需求量增加，奇石供不应求。于是，许多不良商家采用现代加工工具和各种手段，进行奇石伪造。

收藏者最大的收藏投资风险就是买到假货，假货是完全没有价值的。所以需要了解各地奇石的特点，对于特别巧妙的石头要特别当心，仔细观察，其实伪造奇石的石质是难以做到以假乱真的地步的。

奇石收藏与鉴赏

如今有一系列制造奇石的方法,包括"劈、斩、粘缀、抠、挖、填、挫、雕、磨"等。"劈、斩"一般是用钢锤等工具,对"肥厚"的奇石进行"瘦身",不过这样在石的表面往往会留下明显的加工痕迹,形成和石质有差异的特别棱角。"粘缀"能够增加奇石的奇巧程度,这种方法一般用于具象石,所以观察奇石的时候要注意石头的突出部分。"抠、挖"是为了使奇石更适应市场的需求进行"透、漏"的加工,这种方法会在石头上留下不规则的凿痕。"填、挫"是在"抠、挖"的基础上进行填充和修整,加工之后使伪石更加自然。不过填充的物品与原来石头的石性不一样,所以还是会在粘连处留下破绽。"雕、磨"是伪造工艺石常用的技法,通过刀刻等工艺,可以使石头的观赏性更加突显,一般来说,通过鉴定石头整体的纹理结构和"包浆"的一致性,就能够找出"雕、磨"的破绽。

辨别奇石的真伪主要是辨别是否有人为加工。有时候肉眼无法辨别出来,只能用放大镜。首先看石表与其他地方是否有区别;其次是看纹理是否突然改变了走向,最后看色泽是否有微妙的深浅变化。

名称: 连升三级

石种:大化石

尺寸:26cm×9cm×21cm

第五章

天赐奇物 奇石

奇石收藏与鉴赏

美不胜收——
奇石收藏与养护

奇石的采集

■ 采集石头的方法

奇石来自山上，来自河流，来自海洋，来自晶洞。奇石采集是获得奇石的重要途径，不同的奇石采集方法有所不同。奇石的采集方法类别包括：江河石的采集、山石的采集、矿物晶体石的采集、生物化石的采集等。

名称：虎聚财源
石种：阿富汗玉
尺寸：113cm×19cm×146cm

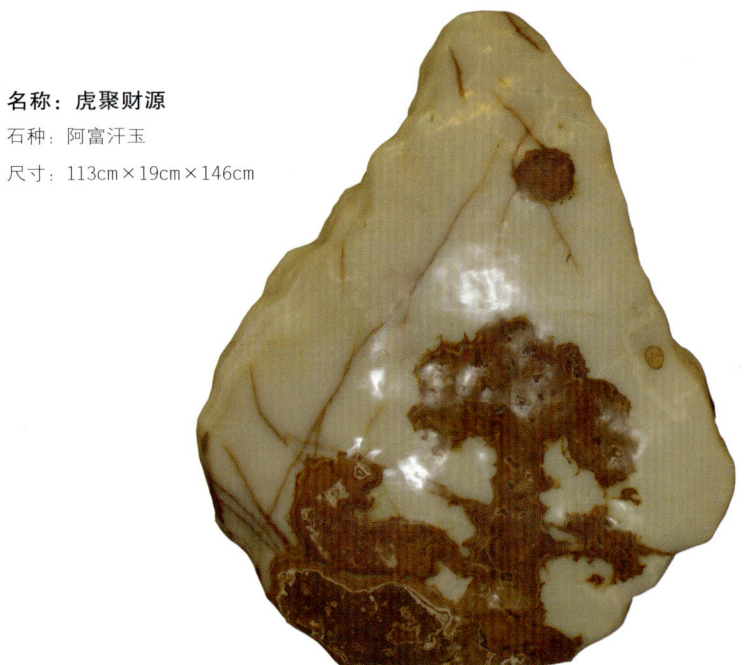

第五章 美不胜收——奇石收藏与养护

水石采集

水石顾名思义就是在水中产的石头。水石大部分产于河流、湖泊、浅海等地，采集水石的主要手段为捡拾，一般用小铲、小锹等作为辅助工具。河流水石的采集应该注意枯水期和丰水期，绝大部分水石都在江河湖滩上，对于滩多水浅的河流，暴雨过后是采集奇石的最佳时期。

山石采集

山石指产于岩石、山体或土中的奇石。采集山石的时候要注意人身安全，准备一些铁锹、绳子之类的采石工具。山石采集主要依靠挖掘的方法，这样有利于保存原石的完整和保护自然环境。采集的部位和角度要明确，千万不要破坏了奇石的观赏价值。政府明确规定禁止采集的山石，不要肆意乱采。

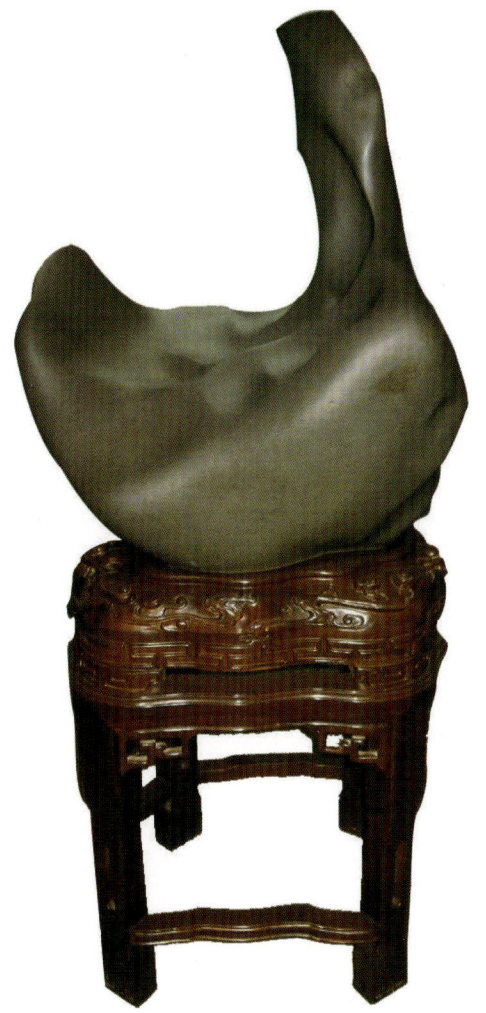

名称：鹅（曲项向天歌）
石种：摩尔石
尺寸：33cm×12cm×36cm

奇石收藏与鉴赏

名称：吉祥如意（一对）

石种：黄蜡石（黄龙玉）

尺寸：40cm×26cm×30cm

矿物晶体石采集

矿物晶体分为单晶体和晶簇。晶簇一般比较脆弱，需要用石凿和撬杠将晶簇连同周围的岩石一起撬下，在岩石采下前将晶簇用柔软物质包扎好，以防破碎。

名称：远古

石种：化石

尺寸：21cm×19cm×28cm

美不胜收——奇石收藏与养护

化石采集

化石采集需要具备一定的地质学和古生物学基础知识,在采集化石的时候必须确定地层年代。采集的过程中应该尽量避免石块的碎裂,更不能为了运输方便将整块化石击碎。在采集古生物化石的时候,应该用棉花敷在采集后的化石上,用软纸包好,贴上标签。

名称:禅悟
石种:乌江石
尺寸:16cm×12cm×35cm

名称:满载而归
石种:来宾石
尺寸:12cm×7cm×19cm

奇石收藏与鉴赏

奇石的收藏价值

每一方奇石都是大自然馈赠给人类的独一无二的瑰宝，奇石具有经济价值、艺术价值、人文价值、科研价值等多重价值，这些价值都是赏石文化存在的基础。

■ 奇石的经济价值

奇石的经济价值指的是它本身具有的交换价值和增值价值。奇石在宋朝的时候就已经有了很高的身价，出现过"一石换一宅"的典故。

奇石的经济价值主要体现在其商品属性上，一方精品奇石价值连城，在拍卖和交易中可以为收藏者带来巨大的经济效益。奇石的经济价值与奇石的大小和品质有关，具体价格视情况而定。

名称：朵云峰
石种：太湖石
尺寸：23cm×7cm×38cm

第五章 美不胜收——奇石收藏与养护

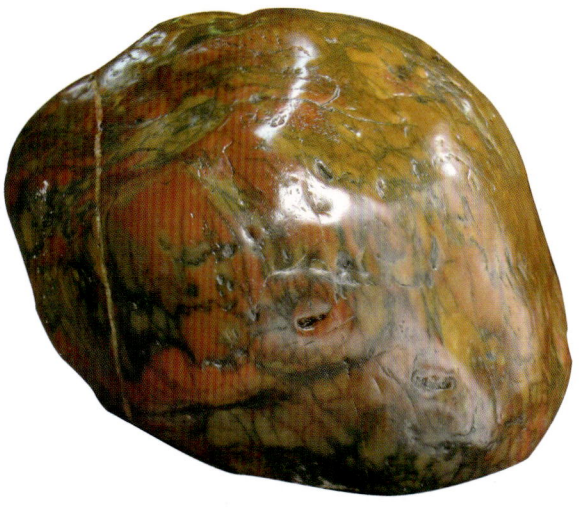

名称：大富贵
石种：三江红彩陶石
尺寸：40cm×25cm×30cm

■ 奇石的艺术价值

奇石的艺术价值表现在形式美、意境美、科学美三个方面。

形式美是基础，是指它在形态、质地、石表、肌理、底座等方面的美感，这些是判断奇石是否具有收藏价值的前提，对奇石的艺术价值有着重要的影响。意境美是精髓，是指色彩、纹理、造型以及石头整体所表现出来的艺术情调和画面美。意境美是一方奇石的生命和灵魂，对奇石的艺术、收藏和经济价值有着直接的影响。科学美是发展方向，是指它能够给人带来一种健康、积极、向上的信息，能够使人在心理上产生前进的动力。

■ 奇石的收藏价值

如果一方奇石可以对地矿学、古生物学或人文诸学科的发展有所促进，便具有重要的科学文化价值。奇石收藏价值主要体现在赏玩、珍稀、富有人文及科研价值上，具备其中一种，便具有收藏价值。

奇石的赏玩价值表现在观赏性上，无论是哪种类型的石头，都具有一定的观赏价值。每方奇石都是一首无字的诗，一幅立体的画，能够让人领略到大自然的神奇。

俗话说"物以稀为贵",奇石的稀有性决定它具有收藏价值。奇石不仅生成条件苛刻,产量稀少,而且不具备再生性,值得人们珍藏。很多奇石被人长时间把玩之后,价值更是倍增。

人们在赏石的过程中会不断提高自身修养,能够从奇石身上学习到很多优秀的品质,这增添了奇石的人文价值。

科研价值是奇石收藏价值的另一个表现,奇石是一个地区地质形态的标本,地质学家通过对其进行研究能够更直接地了解该地的地质环境,进而为其他学科的研究提供参考。

名称:年年有余
石种:蜡石
尺寸:22cm×9cm×16cm

美不胜收——奇石收藏与养护

名称：稻花香里说丰年
石种：贵州乌江石
尺寸：38cm×16cm×22cm

奇石的配座及陈设

■ 奇石的配座

奇石的配座是奇石文化的重要组成部分。配座的材料、样式、大小等运用是否得当，对奇石的美观与意境有很大的影响。

配座作用

奇石的配座要遵循一定的规则。首先要突出作品的主题思想，无论用什么样的摆放方式，都要求奇石的正面视角能够反映其主题，突出独特美；其次是陪衬和美化作品，石与座要主次有序，不能喧宾夺主；最后是增强作品的整体感，座的体量与造型应与奇石协调，形成和谐统一的格调。此外，无论是寓意还是神韵，座的纹饰要与石的主题相符，这样整体形象才能更完美。

奇石收藏与鉴赏

名称：嫦娥奔月
石种：贵州马场红碧玉
尺寸：43cm×21cm×43cm

配座类型

配座通常分为木座、水盘、衬板、几案四种。

奇石配座最常用的一种底座是木座，主要用来稳固奇石。最好运用紫檀木和红木为材质，有时候也用柚木和枣木等。

图案石和纹理石经常使用的底座是水盘，具有强化奇石意境美或方便水养，以使奇石更加润泽的作用。水盘主要用陶、瓷、铜作为材料。制作时，盘底多为细小的白色石头，也有铺沙。奇石与水盘的大小比例要适中，不能出现石大盘小、石小盘大的现象。

衬板多为木质或石质，因为表面比较平，所以多用来放置石底平坦的奇石。

几案是奇石配座的工具，奇石放置在木座、水盘上之后，再置于几案上，也可以直接置于几案上。几案材质以紫檀木、红木为最佳。

■ 奇石的陈设

奇石陈设是一门艺术，需要注意选择合适的陈设位置、与周围的环境搭配和谐，空间利用得当等问题。通常有这样几个原则：大石放于庭院，中石置于几架，小石清供。

陈设作用

奇石的陈列也是影响奇石价值的一个重要因素，陈设恰当与否体现了奇石主人艺术修养的水平和高度，和谐而考究的陈设，能为居室、庭院增添不少色彩。

居家奇石陈设需要遵循三个原则：

（1）以造型石为主，纹理石次之。

（2）奇石之间的摆放距离以黄金分割为最佳。

（3）不同颜色的奇石搭配摆放，以丰富色调。

陈设类型

奇石陈设有两种形式，一种是分类摆放，适用于展览会；另一种是混合摆放，适用于居家陈设。

奇石居家陈设的时候，依据奇石的体量选择放在几案上、置于地上、或放在博古架上。陈设的时候，奇石应该与整体环境相协调。

名称： 飞龙在天

石种：乌江石

尺寸：20cm×9cm×16cm

奇石的养护

奇石的保值和增值很大程度上取决于奇石的养护，它是奇石收藏中不可缺少的一部分。养护奇石首先需要注意保护好奇石原有的自然特色，其次要运用不同的方法养护奇石。常见的奇石养护方法有：水养、手养、蜡养等。

■ 水养

最常见、简单的养石方法是水养，适用于大部分奇石。人们在采集、运输奇石的过程中，难免会对石肤、石肌造成一定程度的损伤。此时，需要将损伤的奇石打磨、修整，然后定期浇水，使其自然风化。一般情况下，以水盘配座的奇石都适合水养。

名称：天上人间
石种：大化彩玉
尺寸：18cm×11cm×37cm

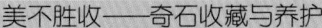

美不胜收——奇石收藏与养护

名称：步步高升
石种：灵璧石
尺寸：23cm×12cm×15cm

■ 手养

手养适用于小件奇石，是最高境界的养石方法。经常把玩石头，手上的油脂就会被石头吸收，时间长了，石头会呈现出诱人的光泽。光泽越鲜亮，说明收藏者越爱护奇石，这能为奇石增色、增值。

■ 蜡养

蜡养是属于临时性的、非自然的养石方法，多数用于展览会或拍卖会上。上蜡能够使奇石显得更加温润，也能使纹理图案更加清晰。摩氏硬度在4度以下的奇石不适合蜡养，表面粗糙和吸附性强的石头也不适宜上蜡。

上蜡的过程是先将石表清洗干净，再对石头加热。石头表面水干后才能上蜡。如果涂蜡过多，应在冷却之前用干布擦去多余的蜡液，再重新上蜡。

奇石的命名

奇石命名是为配好几座的奇石取名,命名可以点明主题、传达情意、拓宽境界、升华神韵。好的命名能够让一方奇石锦上添花,赋予奇石以生命,给人以启迪。

■ 奇石命名应该遵循的原则

奇石命名能够直接体现命名者的艺术修养和鉴赏水平,奇石命名应该遵循四个原则,分别是准确、简练、典雅、独特。

准确指的是命名与奇石本身所表现的主题和意境要相符,不能张冠李戴。

名称: 猴王
石种: 都安石
尺寸: 46cm×21cm×69cm

第五章

美不胜收——奇石收藏与养护

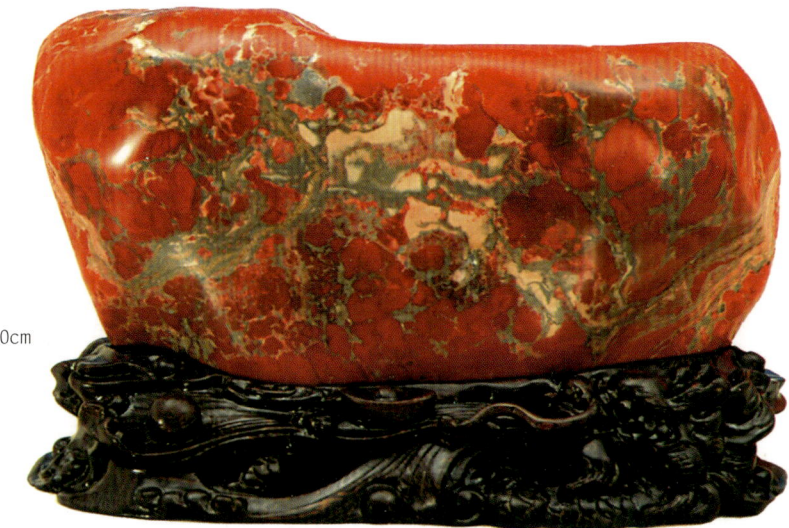

名称：龙元宝
石种：红松石
尺寸：32cm×17cm×10cm

简练指的是奇石的命名要精炼，不能冗长，这样才能被人记住。典雅指的是奇石的命名应该充满艺术韵味，给人优美、文雅、含蓄的感觉。独特指的是奇石命名要别具一格，具有清新独特的特点，切忌千篇一律。

■ 常见的奇石命名方法

奇石的命名有几种方法：

（1）直述法。这种方法是最常用到的，直接以奇石的造型或纹理、图案来命名。这样的命名形象、生动，借用白描的手法直接呈现了奇石的内涵。

（2）借用法。根据奇石呈现出来的画面和造型，借用古代的诗词、典故等命名。这种方法文学韵味很重，很有雅意。

（3）抒情法。这种方法多用于意境美的奇石和抽象石，它体现了命名者对奇石的主观感受。

（4）感悟法。抽象的奇石能够给人以生命的感悟，陶冶人的性情，提高个人修养。以这种方法命名的奇石包含一定的哲学道理，引人深思。

■ 奇石命名的意义

一件好的石艺作品如果没有好的命名，就会影响观众对作品的理解。石艺作品在命名的时候要从三个方面去考虑。

（1）命名应该引申启迪富于联想。一件石艺作品在创作的过程中，作者首先要考虑的是要表现什么，当作品制作完成时，命名工作也就随之而来了。好的命名能够充分体现出作者的创作意图，从而进一步深化主题，将人们引入更多的联想之中。

（2）命名应该含蓄贴切。在石艺展览中，常常出现一些作品命名含糊不清，名不达意。每位作者都想通过作品的形象来表达创作感情，而这种感情需要观众通过作品和作品的名字去领悟。命名不需要太直白，让观众带一点联想效果会更好。

（3）命名应该突出意境和情趣。石艺作品的命名要突出意境和情趣，作者在创作时候追求的意境和情趣，应该在命名的时候得以延续。

附　录

赏心悦目——奇石珍品欣赏

名称：百变随缘
石种：来宾纹石
尺寸：85cm×28cm×86cm

名称：海螺
石种：汉江石
尺寸：22cm×21cm×35cm

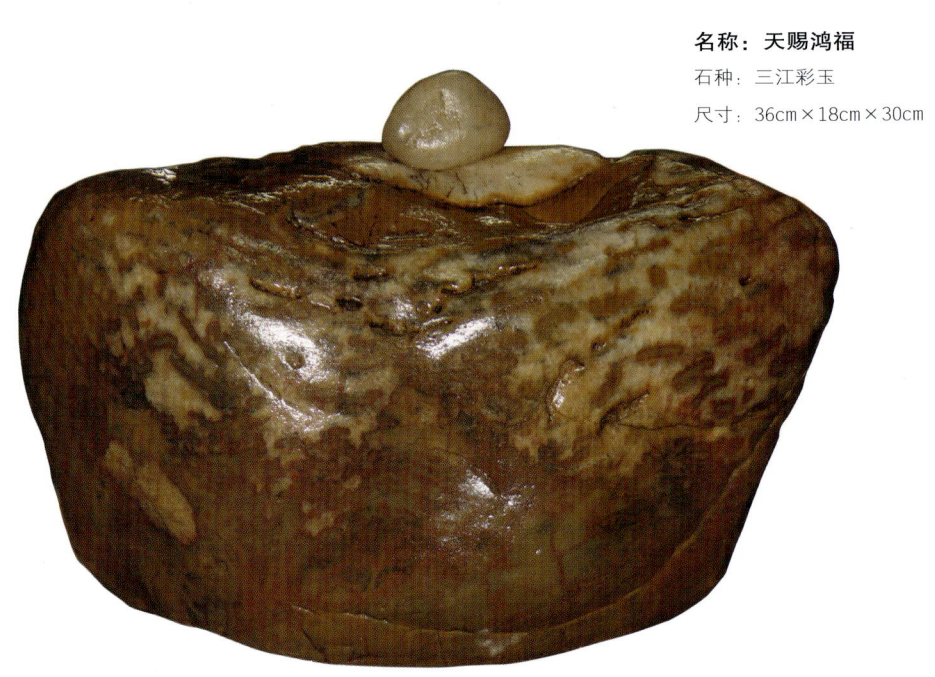

名称：**天赐鸿福**
石种：三江彩玉
尺寸：36cm×18cm×30cm

名称：**金蛇狂舞**
石种：乌江石
尺寸：39cm×17cm×23cm

名称：沧海桑田
石种：乌江石
尺寸：32cm×16cm×26cm

名称：神龟
石种：大化石
尺寸：20cm×14cm×8cm

名称：玉佛
石种：贵翠玉
尺寸：28cm×12cm×21cm

名称：鸿运当头
石种：大化石
尺寸：30cm×27cm×10cm

名称：神韵
石种：来宾小卷纹
尺寸：14cm×6.6cm×21cm

名称：非洲美女
石种：大化石
尺寸：27cm×14cm×28cm

名称：蛙声一片
石种：三江碧绿玉
尺寸：45cm×12cm×25cm

名称：七级浮屠
石种：彩陶石
尺寸：30cm×14cm×45cm

名称：景观
石种：乌江石
尺寸：60cm×25cm×36cm

名称：雪豹
石种：蛋白玛瑙
尺寸：21cm×6cm×10cm

名称：菊花
石种：风砺石
尺寸：50cm×13cm×28cm

名称：金猪
石种：乌江石
尺寸：27cm×13cm×20cm

名称：一帆风顺
石种：长江红碧玉
尺寸：22cm×14cm×25cm

名称：旺旺
石种：乌江石
尺寸：34cm×12cm×32cm

名称：敦煌
石种：大化石
尺寸：18cm×10cm×23cm

名称：福禄平安
石种：乌江石
尺寸：32cm×13cm×60cm

名称：横材
石种：树化玉翠玉
尺寸：42cm×12cm×20cm

名称：黄金台
石种：大化彩玉石
尺寸：53cm×21cm×25cm

名称：天书
石种：泰山石
尺寸：18cm×9cm×16cm

名称：情鸟
石种：贵州青
尺寸：35cm×12cm×30cm

后记

奇石，又称观赏石，雅石，供石，石玩，是被人们赋予人文审美价值的天然石头。从材质上看，可能是一般的石头，也可能是较为稀少甚至是名贵的石头，之所以被人们称为观赏石和雅石，就在于每一块石头的形状、肌理都不相同，能勾起人们种种的艺术遐想。

赏石文化的源头在中国。千百年来，国人的爱石、搜石、藏石、品石之风源远流长，形成了一种传统的赏石文化，并影响了海外诸多国家和地区，时至今日，赏石渐成国际潮流。

我们常听人说，万物皆有灵。奇石也不例外，每块奇石中都存有一个精灵，当我们读懂了石头，就会发现那隐藏在奇石最深处的一个个闪耀的精灵。人们通过赏石可以欣赏到大自然的美景，这对身居大都市的人来说是很好的艺术享受。爱石藏石不仅是人们崇尚自然、崇尚美的体现，而且还能养性怡情、美化居室、装点环境。欣赏雅石，能使人产生无数美好的情思与遐想，达到"人石交融"的通灵境界，一石在手，其乐无穷。

当然，在收藏奇石的过程中，我们可能会遇到许多的问题，比如，选择什么样的奇石，怎样衡量奇石的价值，还有各地石种之间孰优孰劣的争论等。这些问题，在我们编撰本书时，有幸得到了保定中华奇石馆的刘宝特先生与天津大隐堂的牟超先生的指点。刘宝特先生说："人们在长期玩石中积累了'瘦、漏、透、奇、皱、丑'六字诀，其意谓：体态纤瘦、轻盈飘逸，石体嶙峋、溶洞贯通，纹理纵横、玲珑剔透，石峭清奇、诡变莫测，石体凹凸、线条多变，形意怪异、丑而不陋，这类石头就有观赏和收藏价值。"牟超先生说："观赏石讲究天然，最忌雕琢。常以形、色、质三方面的标准来衡量鉴定。观赏石的鉴赏方式与众不同，它的审美价值不在于一般意义上的美，而注重'奇特怪异'，或石形奇异，或石纹奇特，或石色奇丽，越奇越值得收藏，越奇越有经济价值。"简而言之，他们认为，奇石收藏的价值关键就在于"奇"。

在众多奇石藏品中，最常见的人物形象石、飞禽走兽石、花鸟虫鱼石等都属于造型石，它们中的上品应是形象完整逼真，线条明晰流畅，石质纯净。而像雨花石、大理石、三峡石、菊花石等，表面呈现出山水、人物、花鸟、文字等图案，则属于纹理石，其图案清晰、色泽天成、蕴意深刻、对比度强的即为上品。

俗话说，"萝卜白菜各有所爱"。收藏什么样的奇石，完全取决于个人的兴趣爱好与文化素养。闲时常到郊外溪涧去采石，或到市场上选购几块奇石，经过一番清理与设计，再配制一些别致的底座，就成了一件件富有创意的艺术品，令人百看不厌，爱不释手。

书成之际，特别感谢保定中华奇石馆、天津大隐堂以及众多石友，正是他们的鼎力相助，才使得本书在短时间内编写完毕。而在编撰本书的同时，我们也欣赏到了很多造型奇特的珍贵奇石。在此，我们要感谢所有的朋友，也希望广大读者能够喜欢本书。

奇石收藏与鉴赏

- **总策划**

  王丙杰　贾振明

- **责任编辑**

  张　帆

- **排版制作**

  腾飞文化

- **编 委 会**（排序不分先后）

  玮　珏　苏　易　金　帛

  陈秋影　夏　洋　赵志新

  丁　莉　杨明月　李东旭

- **责任校对**

  李新纯

- **版式设计**

  马艳明

- **图片提供**

  牟　超　刘宝特

  天津古玩城大隐堂

  保定中华奇石馆

天赐奇物